Heike Brandstädter
Katharina Jeorgakopulos (Hg.)

Margarete
Ottilie
Mignon

Goethe-Leküren

Argument Sonderband Neue Folge 272

Argument Verlag
Hamburg · Berlin

Die Deutsche Bibliothek - CIP-Einheitsaufnahme

Margarete, Ottilie, Mignon : Goethe-Lektüren / Heike Brandstädter ; Katharina Jeorgakopulos (Hg.). -
1. Aufl. - Hamburg ; Berlin : Argument-Verl., 1999
(Argument-Sonderband ; N.F., AS 272)
ISBN 3-88619-272-5

Alle Rechte dieser Ausgabe vorbehalten
© Argument Verlag 1999
Eppendorfer Weg 95a, 20259 Hamburg
Tel. 040/4018000 · Fax 040/40180020
www.argument.de
Umschlagbild: Manon Jeorgakopulos und Holger Braack
Text und Layout durch die Autorinnen
Druck: Alfa Druck, Göttingen
Gedruckt auf säure- und chlorfreiem Papier
Erste Auflage 1999

Inhalt

Hommage à Goethe? Zu diesem Band
von Katharina Braack-Jeorgakopulos und Heike Brandstädter   1

...lose Poesie und gekappte Zunge.
Margaretes Gretchen-Tragödie und Goethes Faust
von Katharina Braack-Jeorgakopulos   10

Ottilies Kopf-weh, Goethes Wahl-verwandtschaften.
Zur Auftrennung der sprachlichen Zeichen
von Heike Brandstädter   48

Herzsprung. Die Geschichte des Herzens
und dessen Dekonstruktion am Beispiel Mignon
von Julia Brettschneider   77

Kennst du das Land?
Zu »Mignons« Liedgedicht in »Wilhelm Meisters Lehrjahre«
von Maike Czieschowitz   91

Margarete: Voraussetzungen einer Figur.
Kleine Szenen im »Faust I«
von Lena Laux   109

Ausrufe. Zeichen.
Margarete im Kerker von Faust
von Astrid Lüdemann   119

Hommage à Goethe? Zu diesem Band

von Katharina Braack-Jeorgakopulos und Heike Brandstädter

Goethes Frauenfiguren machen einen erschöpften Eindruck. Nicht nur wurde über sie unendlich vieles gesagt, geschrieben, gedacht. Sie sind als Figuren auch selber oft sekundär, nebensächlich, sprunghaft, leidend. So erscheint Gretchen als bloße Ableitung von Faust, Ottilie als nur schöne Erscheinung, Mignon als reine Caprice. Dieses Erschöpfte – die sparsamen Worte, die kleinen Szenen, die scheinhafte Gestalt – nimmt das vorliegende Buch ernst. In sechs Beiträgen wird das Wenige, das diese Figuren zu sagen oder zu zeigen haben, einer mikrologischen Lektüre unterzogen.

Der vorliegende Band ist aus einer Lehrveranstaltung hervorgegangen, die wir im Wintersemester 1997/98 am Literaturwissenschaftlichen Seminar der Universität Hamburg durchgeführt haben. Unter dem Titel »Margarete – Ottilie – Mignon. Feministische Literaturtheorien in der Praxis« sollten ausgewählte Positionen aus neueren Literaturtheorien vorgestellt und an poetischen Texten auf ihre Möglichkeiten überprüft werden. Dabei ging es nicht so sehr darum, die Theorien als erklärungsstiftend zu begreifen, als verläßliches Instrumentarium einzusetzen. Vielmehr sollten die theoretischen und die literarischen Texte in eine konstellative Anordnung gebracht werden, dergestalt, daß beide Felder – Poesie und Theorie – in ein spannungsvolles Verhältnis treten und sich gegenseitig befragen. Die Auswahl der theoretischen Texte, die aus didaktischen Gründen dem Band von Lena Lindhoff folgte,[1] gruppierte sich um die Namen Jacques Lacan, Luce Irigaray, Julia Kristeva und Jacques Derrida. Die literarischen Texte orientierten sich an unserem eigenen Arbeitsfeld,[2] der Goethe-Literatur. »Faust I«, »Wilhelm Meisters Lehrjahre« und »Die Wahlverwandtschaften« standen daher im Zentrum der Seminar-Lektüre.

---

[1] Lena Lindhoff: Einführung in die feministische Literaturtheorie. Stuttgart 1995.
[2] Katharina Jeorgakopulos: Mignons Passionsgeschichte. Untersuchung zur Figur der Mignon in Goethes »Wilhelm Meisters Lehrjahre«. Wissenschaftliche Hausarbeit, Universität Hamburg / Fachbereich Sprachwissenschaften, 1992; Heike Brandstädter: Das Versprechen Ottilie. Sprachstruktur und Bildfunktion in Goethes »Wahlverwandtschaften«. Wissenschaftliche Hausarbeit, Universität Hamburg / FB Sprachwissenschaften, 1994.

Goethe-Lektüren bilden denn auch den roten Faden der hier vorliegenden Sammlung. Ihre Herkunft aus dem Seminar hat die Beiträge zweifelsohne geformt und geprägt: Die Aufsätze verdanken sich einem dialogischen Prozeß, der in mündlicher Form im Seminar begonnen wurde und sich über zahlreiche schriftliche Bearbeitungsstufen fortgesetzt hat. Während die Ebenen der Bearbeitung durchaus unterschiedlich sind, liegt das Gemeinsame der einzelnen Beiträge in einer textimmanenten und wortnahen Lektüre, die aber keineswegs naheliegend oder naturwüchsig, sondern Resultat theoretischer Überlegungen ist.

Lesarten

Auch wenn man Goethe »nur« liest – also jenseits einer wissenschaftlichen Beschäftigung – wird man geradezu darauf gestoßen, daß die männlichen und die weiblichen Figuren ganz verschieden verfaßt sind. Der sprachliche Ausdruck, die Art und Weise ihrer Bildlichkeit, die Verwobenheit mit Mythos und Legende weisen den Frauen-Figuren eine deutlich andere Sphäre zu.

Bei den großen Frauen-Figuren der großen Texte zeigen sich auffällige Gemeinsamkeiten. Der Ausbruch aus der sinngeleiteten Sprache, Rhythmus und Klanghaftigkeit ihrer Rede, Sprachstörungen, Versprechen und verstörtes Sprechen, Echolalie und Poesie sind charakteristisch für die Rede aller drei Figuren: Margarete, Ottilie, Mignon. So ist die deutsch-italienische Mundart Mignons kaum verständlich: ein immerwährendes Kreuzwort-Rätsel der »Lehrjahre«. Ihre Lieder dagegen sind unnachahmliche Poesie, nicht in die Prosa des Romans zu übertragen und deshalb »eigentlich« unübersetzbar. Der naiv anmutenden Sprache Margaretes bei ihren ersten Auftritten im »Faust« steht die wortgewaltige und zugleich sinn-lose Rede in der abschließenden Kerker-Szene kontrapunktisch gegenüber. Die Ottilie der »Wahlverwandtschaften« krankt buchstäblich an der Sprache: Sie ist verschwiegen, ent-sagt und verstummt.

Zu dieser Art Sprache tritt die Bildhaftigkeit der Figuren: ihre Einbindung in Heiligen-Bilder und in die zeitgenössische Mode der Lebenden Bilder. Die Funktionen des Sehens und Gesehen-Werdens sowie die Effekte von Bildern und Spiegelbildern, die sich um das Motiv der Augen gruppieren, bilden tragende Elemente aller Figuren. Auch Scheinhaftigkeit und Erscheinung sind Grundthemen, die auf je verschiedene Weise zur Darstellung gebracht werden. Ottilie ist der Legende von der Heiligen Odilia entsprungen und wird am Schluß des Romans als Heilige überhöht. Mignon verwandelt sich in einen Engel, der singt: »So laßt mich scheinen, bis ich werde«. Margarete erscheint Faust in einem Zauberspiegel als höheres Wesen und Ideal.

Mythos und Erzählung ranken sich um alle drei Figuren und geben verschiedene Fragen auf: Welche Funktionen haben Märchen, zum Beispiel das Grimmsche »Märchen vom Machandelboom« im Singsang Margaretes? Ist die mythische Ursprungserzählung Mignons ein Mythos vom Ursprung oder die Erzählung von einem vorsymbolischen Zustand? Wie, auf welche Weise sprechen die Figuren im Moment der mythisch-märchenhaften Erzählung? Und wie werden ihre Reden aufgenommen, kommentiert, gedeutet? Sind die Figuren überhaupt zu verstehen? Was bleibt?

Erst mit neueren Theoriemodellen, die in Deutschland seit Beginn der achtziger Jahren rezipiert worden sind, und durch die Anwendung und Weiterentwicklung der Begrifflichkeiten im Zuge der Feministischen Literaturwissenschaft wurde es möglich, sich an dieser Grenze des Verstehens abzuarbeiten. Stellte sich aus konventionell-hermeneutischer Sicht noch die Aufgabe, sich in die literarischen Figuren hineinzuversetzen, um sie – und darüber auch den Autor – zu verstehen, so suchten Semiotik und Diskursanalyse eine Lese- und Sichtweise, die sich jenseits von Einfühlung und Intentionalität bewegt. Waren sozialgeschichtliche Ansätze der siebziger Jahre noch davon ausgegangen, daß literarische Texte ein Abbild der Wirklichkeit liefern, so wurde durch Strukturalismus und Psychoanalyse auf das Andere der Realität aufmerksam gemacht: die Realität als das immer schon Verlorene markiert. Hatte man bisher die erzählte Geschichte, den Inhalt, das Thema im Blick, so gaben Poststrukturalismus und Dekonstruktion die *Sprache als Thema* der Geschichte zu denken. Zu Recht läßt sich daher von einem »Paradigmenwechsel« (Lindhoff) sprechen: von angloamerikanischen, soziohistorischen zu poststruktural-dekonstruktiven Theorien französischer Provenienz. Von diesem Wechsel mußte gerade für die feministische Literaturtheorie ein enormer Impuls ausgehen: »Die poststrukturalistische Theoriebildung Lacans, Derridas, Kristevas, Foucaults und Roland Barthes' schien eine neue, zeitgemäße Theoretisierung von Sprache, Subjektivität und Sexualität auf der Grundlage einer entstaubten Psychoanalyse zu bieten.«[3]

Die verschiedenen Theorien sollen und können hier nicht im Einzelnen vorgestellt werden: Das würde den Rahmen dieser Einleitung sprengen. Sie sind in vielen Einführungen ausführlich dargestellt.[4] Das theoretische Gerüst

---

[3] Lena Lindhoff, a.a.O., S. VIII.
[4] Als Einführungen seien empfohlen: Bettine Menke: Dekonstruktion – Lektüre. Derrida literaturtheoretisch. In: Klaus-Michael Bogdal (Hrsg.): Neue Literaturtheorien. Eine Einführung. Opladen 1990, S. 235-264; Inge Suchsland: Kristeva zur Einfüh-

soll allerdings insoweit zur Sprache kommen, als zentrale und übergreifende Gedankengänge benannt und summarisch dargestellt werden, denen die Lesepraxen des vorliegenden Bandes folgen.

Literaturtheorie: Goethe, Mutter, Kind

Das Subjekt erscheint in der poststrukturalen Theorie als sub-iectum der Rede: als dem Symbolischen der Sprache unterworfen, als Produkt sprachlicher Strukturen und kollektiver Diskurse. Das Selbstverständnis des Subjekts, es sei autonomer Ursprung des eigenen Denkens und Sprechens, ist danach nur ein illusionärer Versuch, die sinn- und realitätskonstituierende Macht der Sprache zu leugnen. Durch dieses Leugnung stützt das Subjekt allerdings die »Phallogozentrik« (Derrida) der abendländischen Kultur.[5] Die phallogozentrische »Metaphysik des Identischen«, die sich über den Ausschluß dessen konstituiert, was der Eindeutigkeit zuwiderläuft, hat eine scheinbar an-sich-seiende, eindeutige, hierarchisch geordnete Sinnstruktur hervorgebracht, in der das Spiel der Sprache, das allen Sinn erst produziert, verleugnet und stillgestellt wird. Die Dekonstruktion dieser Ordnung muß zwar zunächst über eine Privilegierung des Weiblichen erfolgen, da dieses innerhalb der dualen, phallogozentrischen Ordnung mit dem Verdrängten identifiziert wird: dem Unbewußten, Unheimlichen, Nichtidentischen, dem Tod.[6] In dieser Funktion ist das Weibliche die unterdrückte, verdrängte »Wahrheit« des herrschenden, patriarchalen Sinnsystems, das vom »Gesetz des Vaters« (Lacan) bestimmt wird.[7] Paradigmatische Erscheinungsform des Weiblichen wäre aus dieser Sicht die Hysterie als eine nicht-sinngeleitete, unartikulierte »Sprache«, die häufig auch Sprache des Körpers ist. In den »Frauenkrankheiten« der Sprach- und Ichlosigkeit und des psychosomatisierenden Körpers, wie sie vielfach literarisch bearbeitet worden sind,

---

rung. Hamburg 1992; Samuel Weber: Rückkehr zu Freud. Jacques Lacans Ent-stellung der Psychoanalyse. Wien 1990.
[5] Eine Wortschöpfung Derridas, die – mit Lacan – den Phallus und die Vernunft (den Logos) im Zentrum des gesamten abendländischen Denkens sieht.
[6] Vgl. dazu bes. den Grundlagentext von Luce Irigaray: Der blinde Fleck in einem alten Traum von Symmetrie. In: dsb.: Speculum. Spiegel des anderen Geschlechts. Aus dem Französischen von Xenia Rajewsky, Gabriele Riecke, Gerburg Treusch-Dieter und Regine Othmer. Frankfurt/M. 1980, S. 11-165.
[7] Bei Lacan ist das Gesetz / der Andere der »Name-des-Vaters« (le nom-du-père) – und identisch mit dem Verbot (le non-du-père). Diese Instanz ermöglicht, daß sich das Symbolische vom Realen differenziert und dabei das Feld des Imaginären eröffnet. Vgl.: Jacques Lacan: Über eine Frage, die jeder möglichen Behandlung der Psychose vorausgeht. In: Schriften II. Olten 1975, S. 110 f.

scheint das Andere der sinngeleiteten Sprache und der logischen Vernunft zur Darstellung zu kommen. Aber auch vorsymbolische Formen – der lallend-plappernde Singsang, der mimetisch-echolalische Ausdruck – können dadurch in die Aufmerksamkeit rücken: Kristevas Konzept des Semiotischen ist diesen Formen gewidmet.[8]

Ist das Spiel der Sprache mit dem Weiblichen identifiziert und geht es mit der Kritik an einem nur-logischen Sein, Denken und Sprechen einher, so läßt sich dieser Spur bei der Lektüre poetisch-literarischer Texte folgen. Gerade dort, wo das übliche Verstehen nicht greift, weil unausgemessene Bedeutungsfelder vorliegen – die des »Wahnsinn« bei Margarete, die des »Unsinns« bei Ottilie –, verspricht die Nähe zur Sprache Aufschluß über das sonst Unbegreifliche. Diese Nähe zur Sprache verlangt, das sprachliche Material der Texte ernst zu nehmen und auf allen Ebenen auszuleuchten: also nicht nur Sinn und Bedeutung, das Signifikat zu befragen, sondern auch die Signifikanten zum Zuge kommen zu lassen – Herkunft und Geschichte der Wörter, Konnotationen und Assoziationen, Rhythmus und Klang, ein Ungesagtes.

Rhetorik tritt damit in den Vordergrund jeder dekonstruktiven Lektüre. Textimmanent lesen heißt, die Sprache beim Wort nehmen. Die typisch dekonstruktive Lektüre versucht insbesondere, den Unterschied zwischen dem *Was* und dem *Wie* eines Textes nutzbar zu machen: Die inhaltliche Aussage und der Modus des Aussagens werden als nicht-identisch vorausgesetzt; der Widerspruch zwischen beiden kann durch ein wortnahes Lesen aufgedeckt und fruchtbar gemacht werden. Diese dekonstruktive Methode läßt sich auch auf die Bildlichkeit eines Textes, seine rhetorischen Figuren und Tropen ausdehnen. Unter Defiguration wird jenes dekonstruktive Verfahren verstanden, das sich auf unterminierende Effekte von Sprachfiguren konzentriert: *Was* erzählt wird – als Logik einer Geschichte, als begriffliche Argumentation – wird den Sprachfiguren als Einbruch von Bildern in die Welt der Zeichen gegengelesen. Sprachfiguren, die die Funktion haben, die Lücke eines logischen Systems durch Anschaulichkeit zu schließen, können umgekehrt, sofern man sie genau und wörtlich liest, die Logik des Systems unterlaufen. So hat Paul de Man die Funktion der Allegorie für das kategoriale und logische System von Hegels Ästhetik

---

[8] Vgl. das Hauptwerk von Julia Kristeva: Die Revolution der poetischen Sprache. (1974) Aus dem Französischen übersetzt und mit einer Einleitung versehen von Reinold Werner. Frankfurt/M. 1978. Darin bes. Kap. I.: Das Semiotische und das Symbolische.

untersucht mit dem Ergebnis, die Allegorie fungiere »als in sich defekter Grundstein des ganzen Systems.«[9]

In eben dieser textimmanenten und wortnahen Lektüre, die sich aber nicht von selbst versteht, liegt das Gemeinsame der vorliegenden Aufsätze. Durch die gleichzeitige Beschränkung auf wenige Textstellen bringt jeder Aufsatz eine äußerst genaue Studie hervor. Daß dabei vielfach das Kleine, Unscheinbare, Flüchtige in den Vordergrund gerückt wird, hat durchaus System: Die Nebenszenen und Randbemerkungen, das scheinbar unwichtige Drumherum, so wird unterstellt, ist für die »großen« Auftritte konstitutiv. Diese These ist zwar ihrerseits theoriekonform, wird aber in diskursanalytischen und dekonstruktiven Lektüren keineswegs durchgehalten: Man interessiert sich nach wie vor für die großen Autoren, die etablierten Genres, die tragenden Szenen. Und noch ein anderer Unterschied wäre auszumachen: Während poststrukturale, insbesondere psychoanalytisch-lacanianische Lektüren zu Recht den Vorwurf einstecken mußten, sie würden Theoriefolien und Glaubenssätze der Literatur bloß überstülpen,[10] besteht hier der ausdrückliche Vorsatz, nicht theoriehörig zu werden: den literarischen Text – trotz aller Theorie-Lasten – vorsichtig abzutasten, zögernd zu befragen und seinen Widerspruch gegen die Theorie anzuhören. Denn auch Literatur formuliert »Wahrheiten«, die von Fall zu Fall auch die beste Theorie zu Fall bringen können.

Schon durch ihre Beschränkung auf das Kleine können und wollen die vorliegenden Lektüren keinen Anspruch auf Vollständigkeit erheben. Vielmehr gewähren sie punktuelle und überraschende Einblicke in Goethes Frauenfiguren, die auch für Nicht-LiteraturwissenschaftlerInnen anregend sein dürften. Obgleich die gewählten Methoden und Theoriehorizonte hochanspruchsvoll sind, haben alle Aufsätze die Verständlichkeit und die Nachvollziehbarkeit in den Vordergrund gestellt.

---

[9] Paul de Man: Zeichen und Symbol in Hegels »Ästhetik«. In: ders.: Die Ideologie des Ästhetischen. Hrsg. von Christoph Menke. Aus dem Amerikanischen von Jürgen Blasius. Frankfurt/M. 1993, S. 39-58, hier S. 57.

[10] Schwierig in diesem Sinne sind bspw. die Lektüren von Jochen Hörisch: Das Sein der Zeichen und die Zeichen des Seins. Marginalien zu Derridas Ontosemiologie. In: Jacques Derrida: Die Stimme und das Phänomen. Frankfurt/M. 1979, S. 7-50; sowie dsb.: »Die Himmelfahrt der bösen Lust« in Goethes »Wahlverwandtschaften«. Ottiliens Anorexie – Ottiliens Entsagung. In: Die andere Goethezeit. Poetische Mobilmachung des Subjekts um 1800. München 1992, S. 149-160.

Margarete – Ottilie – Mignon. Zu den einzelnen Aufsätzen

Das Herz Mignons ist Gegenstand des Aufsatzes von Julia Brettschneider: »Herzsprung. Die Geschichte des Herzens und dessen Dekonstruktion am Beispiel Mignon«. Das Herz, so weist die Autorin im ersten Schritt nach, wird in zahlreichen Diskursen, besonders dem der Empfindsamkeit, als Sitz von Emotionalität, Seele und Liebe verstanden. Ganz im Gegensatz dazu wird das Herz Mignons in »Wilhelm Meisters Lehrjahre« dieser sinnaufgeladenen Funktion entkleidet, das Herz als das Andere des Sinns exponiert: als materialer Teil des Körpers, als lebensspendendes Organ, als Signifikant. Mignons Herz, so kann Julia Brettschneider zeigen, springt damit aus konventionellen Deutungsmustern heraus. Durch diesen Unterschied wird Mignon nicht zuletzt als Gegenfigur zu Werther lesbar.

Die Gedichtanalyse von Maike Czieschowitz »Kennst Du das Land?« ist dem sogenannten Italien-Lied Mignons gewidmet. Die Autorin geht zunächst streng formal vor, um die Musikalität als Element dieses Liedes zu erfassen und nutzbar zu machen. In der nachfolgenden Textanalyse, die sich eng an den Wörtern und Bildern des Gedichtes orientiert, werden die nuancierten Bedeutungen der einzelnen Motive, Symbole und Zeichen ausgelotet. Das Italien-Lied, vielfach als reiner, unverstellter Ausdruck von Mignons Sehnsucht verstanden, tritt dadurch nicht nur in seinem Facettenreichtum hervor, sondern die Sprache selber kann als ein verlorenes Land erscheinen.

Astrid Lüdemann nimmt sich in ihrem Aufsatz »Ausrufe. Zeichen. Margarete im Kerker von Faust« einem ungewöhnlichen und deshalb kaum beachteten Thema an: der Zeichensetzung in der Kerker-Szene des »Faust I«. Die Interpunktionen in dieser Szene, so die Autorin, verhalten sich kontrapunktisch zu dem Gesagten von Margarete und Faust. Damit kommt den Interpunktionen – Zeichen für die Stimme, denen wir eigentlich keine Bedeutung im konventionellen Sinne zumessen – eine eigenständige inhaltliche Funktion zu. Inwieweit bestärken sich Wort und Interpunktion, inwieweit heben sie sich gegenseitig auf? Diesen Fragen geht der Aufsatz, der durch eine theoretische Reflexion eingeleitet wird, am Beispiel Margaretes nach.

Der Aufsatz »Margarete: Voraussetzungen einer Figur« von Lena Laux wendet das Konzept, daß scheinbar Nebensächliches konstitutiv für die großen Szenen ist, wohl am konsequentesten an. Die kleinen Szenen mit ihren namenlosen Figuren, die sich im Vorfeld der Konfrontation von Margarete und Faust abspielen, sind von der Forschung bisher vernachlässigt worden. Wie Lena Laux zeigen kann, sind diese Szenen aber in dem Maße wichtig, wie sie inhaltlich festlegen, was mit Margarete unter

»Weiblichkeit« und was mit Faust unter »Männlichkeit« im Verlauf des Dramas zu verstehen ist. Die Figur Margarete also ist, noch ehe sie auftritt, schon abgemessen und durch ein bestimmtes Konzept von Weiblichkeit vorbereitet. Genau dieses Konzept, so weist die Lektüre weiter nach, wird in den ersten Auftritten Margaretes aufgenommen und durchgespielt.

Ob dieses Konzept vielleicht in sich widersprüchlich ist, ob es sich bis zum Ende durchhält: Das untersucht der Aufsatz von Katharina Braack-Jeorgakopulos: »...lose Poesie und gekappte Zunge. Margaretes Gretchen-Tragödie und Goethes Faust«. Das leicht Hingesprochene, die kurzen, naiven und einfachen Sätze Margaretes bei ihren ersten Auftritten scheinen keinen eigenen Stellenwert, keine eigene Aussage zu haben, sondern verhalten sich zur Faustischen Rede geradezu spiegelverkehrt: als deren leerer Nachhall und Echo. Erst in der Kerker-Szene kann sich dieses Sprechen vollständig vom Faustischen Paradigma ablösen. Ist Faust hier der Name und Platzhalter der aufgeklärt-rationalen Rede, so kommen mit Margarete alte, überlebte und abgespaltene Sprach- und Sprechformen zum Zug: Mythos und Märchen, Erinnertes und Vergessenes, die Sprache des Traums und die traumatisierte Sprache. Im Verlauf von Margaretes Reden, so die Autorin, wird der Kerker der Sprache selber aufgebrochen. Dieses Aufbrechen aber wird vom Drama gewaltvoll beendet: Die »Rettung« Gretchens rettet vor allem die vernunftgeleitete Sprache.

»Ottilies Kopf-weh, Goethes Wahl-verwandtschaften«: Diese Auftrennung der Wörter deutet schon an, daß es um die Herausarbeitung von Trennungen, Unterscheidungen, Differenzen gehen wird. Am Beispiel des Kopfwehs geht Heike Brandstädter einem der großen sprachbildlichen Zeichen nach, das wie kein anderes für die Liebe von Eduard und Ottilie zu stehen scheint. Das gegengleiche Kopfweh führt – gerade über seine Gegenbildlichkeit – auf den Mythos von Narziß: auf den schönen Jüngling, der sich in sein eigenes Spiegelbild verliebt. Der Bezug auf das Spiegelbild aber weist zugleich auf das Motiv des Scheins und der Täuschung hin – und damit auf die Frage, was dem Bild als Spiegel- und Abbild vorausliegt, auch und gerade in der Konstitution des Subjekts. Das Kopfweh wird über diese Art der theoretischen Auftrennung als ein uneinheitliches Zeichen im Roman lesbar: Eduards rechtsseitiges Kopfweh erweist sich als Kopf*schmerz* und ist Indiz seiner *Trauer*; Ottilies linksseitiges Kopfweh dagegen wird – nicht zuletzt über das Wörtchen Weh – zum Zeichen der *Melancholie*. Die große abendländische Tradition der Melancholie kann auch als Klage über einen Verlust gelesen werden: einen Verlust des Realen durch seine Re-präsentation in Sprache und Bild als Weisen des symbolischen Ausdrucks.

Hommage à Goethe? Zu diesem Band 9

Danksagung

Alle Aufsätze dieses Bandes haben nicht nur von einem dialogischen Denk- und Gesprächsprozeß profitiert, sondern vor allem von der Vielstimmigkeit und Polyperspektivität, die die Teilnehmerinnen und Teilnehmer des Seminars beigesteuert haben. Ihnen allen, obwohl nicht namentlich genannt, gilt daher unser Dank.

Danken möchten wir auch Manon Jeorgakopulos für die Vorlage zu dem Titelbild dieses Bandes: einem kleinen Guckkasten aus Karton mit der Garten-Szene des »Faust I«, in liebevoller Kleinarbeit 1987 von ihr gefertigt. Holger Braack hat diesen Guckkasten von seiner schönsten Seite ins Bild gesetzt. Dafür möchten wir ihm herzlich danken.

Literatur

Brandstädter, Heike: Das Versprechen: Ottilie. Sprachstruktur und Bildfunktion in Goethes »Wahlverwandtschaften«. Wissenschaftliche Hausarbeit, Universität Hamburg / FB Sprachwissenschaften, 1994.
Irigaray, Luce: Der blinde Fleck in einem alten Traum von Symmetrie. In: dsb.: Speculum. Spiegel des anderen Geschlechts. Aus dem Französischen von Xenia Rajewsky, Gabriele Riecke, Gerburg Treusch-Dieter und Regine Othmer. Frankfurt/M. 1980, S. 11-165.
Jeorgakopulos, Katharina: Mignons Passionsgeschichte. Untersuchung zur Figur der Mignon in Goethes »Wilhelm Meisters Lehrjahre«. Wissenschaftliche Hausarbeit, Universität Hamburg / Fachbereich Sprachwissenschaften, 1992.
Hörisch, Jochen: Das Sein der Zeichen und die Zeichen des Seins. Marginalien zu Derridas Ontosemiologie. In: Jacques Derrida: Die Stimme und das Phänomen. Frankfurt/M. 1979, S. 7-50.
»Die Himmelfahrt der bösen Lust« in Goethes »Wahlverwandtschaften«. Ottiliens Anorexie – Ottiliens Entsagung. In: Die andere Goethezeit. Poetische Mobilmachung des Subjekts um 1800. München 1992, S. 149-160.
Kristeva, Julia: Die Revolution der poetischen Sprache. (1974) Aus dem Französischen übersetzt und mit einer Einleitung versehen von Reinold Werner. Frankfurt/M. 1978.
Lacan, Jacques: Über eine Frage, die jeder möglichen Behandlung der Psychose vorausgeht. In: Schriften II. Olten 1975.
Lindhoff, Lena: Einführung in die feministische Literaturtheorie. Stuttgart 1995.
de Man, Paul: Zeichen und Symbol in Hegels »Ästhetik«. In: ders.: Die Ideologie des Ästhetischen. Hrsg. von Christoph Menke. Aus dem Amerikanischen von Jürgen Blasius. Frankfurt/M. 1993, S. 39-58.
Menke, Bettine: Dekonstruktion – Lektüre. Derrida literaturtheoretisch. In: Klaus-Michael Bogdal (Hrsg.): Neue Literaturtheorien. Eine Einführung. Opladen 1990, S. 235-264.
Suchsland, Inge: Kristeva zur Einführung. Hamburg 1992; Samuel Weber: Rückkehr zu Freud. Jacques Lacans Ent-stellung der Psychoanalyse. Wien 1990.

...lose Poesie und gekappte Zunge.
Margaretes Gretchen-Tragödie und Goethes Faust

von Katharina Braack-Jeorgakopulos

Wenn man etwas von der Figur Margaretes weiß oder behalten hat, dann das Wort von der »Gretchen-Tragödie«. Gretchen ist danach das unschuldige Opfer der teuflischen Machenschaften von Faust und Mephisto. In herkömmlichen Interpretationen kann Gretchen daher als Inbegriff zweier Vorstellungen erscheinen: der von Naivität auf der einen Seite und der vom Wahnsinn auf der anderen Seite. Indem man diese Figur so etikettieren und begrifflich einzuschreiben versucht, wird »Gretchen« der Name für ein immer schon Verstandenes, nicht weiter zu Befragendes.

Der folgende Aufsatz dagegen ist der Versuch, den Fall Margarete neu aufzurollen. Die intensive Diskussion, die im Rahmen der Seminarvorbereitung zwischen Heike Brandstädter und mir geführt wurde, hat den Anstoß zu diesem Aufsatz gegeben. Eine detektivische Lektüre soll diesem Versuch Rechnung tragen.

I. Spiegel-Reden

»FAUST. MARGARETE *vorübergehend*.«

Das erste Erscheinen einer Figur hat herausragende Funktion. Nicht selten nimmt der erste Auftritt in nuce die gesamte Figur vorweg, schafft eine Basis für die Formung dieser Gestalt und prägt – bewußt oder unbewußt – die Lese-Erwartung. In Goethes »Werther« läßt Lottes erstes Erscheinen inmitten der Kinder nicht nur Werther auf der Stelle in Liebe entbrennen; als mütterliches Zentrum figuriert Lotte auch das naturhafte, unkomplizierte, unmittelbare Leben, dem Werthers große Sehnsucht gilt. Mignons erster, sprunghaft-zwittriger Auftritt in »Wilhelm Meisters Lehrjahre« kennzeichnet einen Wesenszug dieser Figur, der im ganzen Roman bearbeitet wird. Ottiles pantomimische Ankunft in den »Wahlverwandtschaften« deutet sofort auf den für diese Figur zentralen Aspekt der Bildhaftigkeit hin.

Die Exposition, die ersten Worte einer Figur oder über eine Figur sind also bedeutend, ja vorausdeutend. In Goethes »Faust I« ist das nicht anders. Faust selber wird mit dem gesamten Drama seiner Existenz durch seinen berühmten Eingangsmonolog vorgestellt. Wie aber verhält es sich mit der weiblichen Hauptfigur, Margarete?

... lose Poesie und gekappte Zunge

Mit dieser Frage möchten wir eine Lektüre eröffnen, die sich zunächst dem ersten Auftritt dieser Figur in der Szene »Straße« widmet. Im öffentlichen Raum, auf der Straße, treffen Faust und Margarete aufeinander: eine zufällige, flüchtige, kurze und doch folgenschwere Begegnung.

Straße: FAUST. MARGARETE *vorübergehend.*
(Faust) Mein schönes Fräulein, darf ich wagen,
 Meinen Arm und Geleit Ihr anzutragen?
(Margarete) Bin weder Fräulein, weder schön,
 Kann ungeleitet nach Hause gehn.
 (Sie macht sich los und ab.)
(Faust) Beim Himmel, dieses Kind ist schön!
 So etwas hab ich nie gesehn.
 Sie ist so sitt- und tugendreich,
 Und etwas schnippisch doch zugleich.
 Der Lippe Rot, der Wange Licht,
 Die Tage der Welt vergeß ich's nicht!
 Wie sie die Augen niederschlägt,
 Hat tief sich in mein Herz geprägt;
 Wie sie kurz angebunden war,
 Das ist nun zum Entzücken gar![1]

Die kleine und scheinbar harmlose Szene, die verschwindend wenigen und noch dazu einfachen Worte Margaretes in einem sonst mit Bedeutung hochaufgeladenen Text verleiten dazu, den gesamten Auftritt zu überlesen.[2] Zugleich handelt es sich um den ersten Auftritt dieser Figur, der daher ernst genommen werden will. Wir befinden uns auf der Straße, das heißt an einem Durchgangsort: Alle kommen irgendwo her oder gehen irgendwo hin. Margarete kommt gerade aus der Kirche, dem Ort der Religion und des Heiligen, Faust dagegen aus der Hexenküche. Es ist Faust, der die Rede eröffnet und schließt. Seine Anrede: »Mein schönes Fräulein«, muß Margarete schmeicheln: »Fräulein« ist die Bezeichnung für hochgestellte, meist adelige Frauen. Margarete dagegen ist ein Mädchen aus dem Volk, also von niederem Stand. Nicht nur als »Fräulein«, sondern auch als »schön« wird Margarete im gleichen Atemzug bezeichnet. Daß dies nicht einfach eine konventionelle Rede, eine zweite Schmeichelei ist, besagt die

---

[1] Alle Zitate folgen der Ausgabe: Johann Wolfgang Goethe, Faust. Der Tragödie erster Teil, Reclam, neu durchgesehene Ausgabe, Stuttgart 1986, hier Seite 75. Im folgenden werden nur die Seitenzahlen der Reclamausgabe und ggf. die Verszeilen genannt.
[2] Ein ausführlicher Kommentar zur Gretchen-Figur, ihrer Rezeption und historischen Vorlage befindet sich in dem Kommentarband: Goethes Sämtliche Werke, Faust Kommentare, hg. von Albrecht Schöne, Bd. 7/2, Frankfurt am Main 1994, Seite 191 bis Seite 200 und Seite 288.

Wiederaufnahme genau dieses Schönen, um das sich die gesamte zweite Rede-Passage Fausts dreht. Vielleicht ist Margarete wirklich von außerordentlicher Schönheit, vielleicht ist diese äußere Schönheit ein Indiz für die innere, ethische Schönheit. Dies aber sind Spekulationen, die der Text selbst nicht hergibt. Weil Fausts Faszination durch die Schönheit an Glorifizierung grenzt und in ihrer Stilisiertheit und Übersteigerung nicht nachzuvollziehen ist, bildet sie einen Stolperstein im Text, der nach anderen Gründen fahnden läßt.

In der unmittelbar vorausgehenden Szene, die in der Hexenküche spielt, wird man fündig. Dort hatte Faust einen eigens von der Hexe gebrauten Trank zu sich genommen, der seine visuelle Wahrnehmung verändert. Was Faust fortan sieht, ist nicht realer sondern idealischer Natur. Wie sich dies auf seine Wahrnehmung von Frauen auswirkt, läßt Mephistopheles Faust sogleich wissen: »Du siehst, mit diesem Trank im Leibe, Bald Helenen in jedem Weibe.« (74) »Helenen« meint die schöne Helena, das Schönheitsideal der griechischen Antike. Fausts Sehen ist fortan keine visuelle Wahrnehmung eines Realen, sondern des Idealischen, das auch das Ideal der Klassik ist. Wenn Faust Margarete *sieht*, dann sieht er nicht Margarete, sondern ein gleichbleibend schöngefärbtes Ideal. »Margarete« wird »zu jedem Weibe«: Sie ist austauschbar, an keine konkrete Existenz, an keine Einzigartigkeit oder Individualität gebunden. Faust begehrt etwas, das auch unter anderem Namen im Text auftauchen könnte.

Die vorgebliche Schönheit Margaretes schließt Faust sofort mit inneren Werten und Eigenschaften kurz: mit ihrer Sittlichkeit, ihrer Tugend. Im Sinne der zeitgenössischen Physiognomik, allen voran der Lavaters,[3] nach der sich das Innere durch und vermittels des Äußeren zeigt, meint auch Faust, am Äußeren das Innere ablesen zu können. Diese Ausdruckslogik wird interessanterweise auch von Margarete in der nachfolgenden Szene angewandt und damit kopiert. Nachträglich reflektiert Margarete die Begegnung mit Faust mit folgenden Worten: »Ich gäb was drum, wenn ich nur wüßt, Wer heut der Herr gewesen ist! Er sah gewiß recht wacker aus, Und ist aus einem edlen Haus; Das konnt ich ihm an der Stirne lesen – Er wär auch sonst nicht so keck gewesen.« (*Ab*) (77)

Genau wie Faust, so liest auch Margarete das Innere am Äußeren, »an der Stirne« ab: seine Herkunft aus einem »edlen Haus«, die den edlen Charakter zu verbürgen scheint. Der Umstand, daß Faust und Margarete hier nach ähnlichen Kriterien urteilen, nach ähnlichen Mustern funktionieren, legt die

---

[3] Johann Caspar Lavater, Physiognomische Fragmente. Zur Beförderung der Menschenkenntniß und Menschenliebe, Leipzig/Winterthur 1775-78. Ein ausführlicher Kommentar zu Lavater findet sich in Fußnote 20.

These nahe, daß diese Ähnlichkeit vielleicht noch weitergehend ist, sich noch anders äußert. In diesem Sinne werden wir uns in der folgenden Lektüre eingehender mit der ersten Artikulation Margaretes im Drama beschäftigen.

Die Frage Fausts: »Mein schönes Fräulein, darf ich wagen, Meinen Arm und Geleit Ihr anzutragen?« – ruft die Rede Margaretes überhaupt erst hervor, regt oder stößt sie an. Margaretes Antwort kann als das komplette Gegenstück zu Fausts Anfrage gelesen werden: »Bin weder Fräulein weder schön, Kann ungeleitet nach Hause gehn.« Ihre Rede scheint in seiner Frage aufzugehen, Antwort und Frage in einer einheitlichen Figur zu verschmelzen. Sofort stellt sich die Frage: Wer spricht? Faust oder Margarete?

Verschiedene Zugänge könnte man aufmachen: Einmal erscheint Fausts Frage wie ein Code- und Passwort, an dem Margarete Faust, und umgekehrt: an dem Faust Margarete erkennt. Beide werden in der einen Redefigur miteinander verknüpft und verschaltet. Margarete nimmt dabei nicht nur Fausts Worte in ihre(r) Antwort auf – »Bin weder Fräulein weder schön, Kann ungeleitet nach Hause gehn.« –, sondern kopiert auch den Gestus, den Rhythmus und den Klang seiner Rede. Im Echo seiner/ihrer Rede allerdings – und das ist bemerkenswert – wird die Sprache Fausts verstümmelt und entstellt. Das Ich - Subjekt seiner Rede – entfällt, und im »weder ... weder ... un-...« wird das positive, sich selbst setzende Subjekt negiert und zur Un-Person. Ein nach- und verhallender Sprachrest erfüllt den Ort, wo Margarete zum ersten Mal erscheint und spricht. Dies ruft die Frage nach der Eigenständigkeit ihres Subjektseins und ihrer sprachlichen Verfaßtheit auf den Plan.

»FAUST. MARGARETE vorübergehend« als der Titel dieses Aufzugs wird unter diesem Blickwinkel mehr als nur eine bloße Fakten – Raum, Zeit, Personen – nennenden Anweisung: »FAUST.« steht *punctum* für sich alleine da,[4] und die Figur Margaretes wirkt wie eine/seine flüchtig gespiegelte, selbst körperlose, eben *vorübergehende* Ableitung, an die Körper und Extremitäten zu Stütze und »Geleit« erst herangetragen werden müssen. Die stillschweigende Erwartung aber, der erste Auftritt einer Figur möge das Prägende oder Charakteristische dieser Figur zeigen, wird von dieser Szene negiert und zurückgewiesen: Denn entweder findet man nichts Eigenes bei Margarete vor oder aber dieses Eigene ist nur eine von mehreren Formen oder Darstellungsmodi Margaretes. Die Szenenanweisung »MARGARETE vorübergehend« kann deshalb auch sagen: Dies ist nur *eine* Erscheinungs-

---

[4] Zu dem Begriff »punctum« vgl. auch Bettine Menke, De Mans »Prosopopöie« der Lektüre. Die Entleerung des Monuments, in: Ästhetik und Rhetorik, Lektüren zu Paul de Man, hg. von Karl Heinz Bohrer, Frankfurt am Main 1993, Seite 56 ff.

form Margaretes. Es gibt andere, die an anderen Stellen des Textes auseinandergelegt werden. Nur vorläufig ist dies Margarete. Wir werden dieser Lesespur des Vorübergehenden, Flüchtigen, Ephemeren, als Fata Morgana Gespiegelten im Text folgen.

II. Reminiszenzen: Höhenrausch und Hexenküche

Die beiden Aufzüge »Straße« und »Kerker« – der eine ein offener, öffentlicher, der andere ein geschlossener, abgezirkelter Raum – stellen diejenigen Pole dar, in denen die Figur Margaretes im Drama entwickelt wird. Zwischen diesen Eckdaten tut sich das Territorium im Fausttext mit dem Namen »Margarete« auf, das sich in seiner Qualität von dem restlichen Text unterscheidet. Margarete ist allerdings – so meine Vermutung – längst bevor sie auftritt, vorbereitet; und ihr Auftritt nur der Vollzug einer längst im Text angekündigten und in ihn eingelassenen Stimmung, die mit ihr personifiziert wird und einen scheinbar harmlosen Namen erhält. Gemeint ist die Hexenküchen-Szene, die dem ersten Auftritt Margaretes vorangeht.

In der »Hexenküche« geraten alle – und das betrifft sogar den Meister der Verführung, Mephistopheles selbst – ins Schwimmen. Mephisto ebenso wie die Tiere, die ankommende Hexe und vor allem Faust, sind auf eine unbestimmte Art unaufmerksam, verwirrt, nicht bei sich, außer sich oder verführt: Die Tiere lassen den Trank überlaufen (2461-2465), die Hexe erkennt ihren Meister nicht (2668-2472) und Mephisto, nachdem Faust ihm seine Verrücktheit gestanden hat – »Weh mir! ich werde schier verrückt« – gibt sich daraufhin selbst preis: »Nun fängt mir an fast selbst der Kopf zu schwanken.« Dieser allgemeinen und wie eine Epidemie um sich greifenden Verwirrung »entspringt« dann Margarete, genauer: sie wird an die Stelle dieser allgemeinen Diffusion gerückt. Diese Verwirrung gilt es zunächst zu erkennen, um dem Modus des Textes in seinen Wandlungen auf die Spur zu kommen.

Der Hexentrunk ist – nach dieser Art der Betrachtung – nur ein vorläufiger, vom Text selbst nahegelegter Grund und also eine Art Ablenkungsmanöver. Die hier vorgeschlagene Lesart versucht eine andere Dimension in den Blick zu nehmen, welche »das Entspringen« Margaretes am Ende der Hexenküchen-Szene motivieren könnte: Der Aufbau Margaretes liegt, so die These, in dem »verkehrten« Verlauf dieser Szene begründet. Dabei erfaßt alle Beteiligten ein Wanken und Schleichen, ein Kippen und Irren, eine grundsätzliche Irritation, die die Handlung wie die Bedeutungen hervor- und vorantreiben und das Vertraute ins Fremde versetzen. Der Clou dabei ist, daß wir es hier ja sowieso schon mit »Fremden«, mit sprechenden Tieren,

... lose Poesie und gekappte Zunge 15

mit Teufel, Hexe und Zaubertrunk zu tun haben, und diese Fremdheit sich dabei noch weiter ins Außen verschiebt und sich auf eine Weise zu überbieten scheint. Im folgenden wollen wir die Demontagen der Figuren in der Hexenküche im einzelnen verfolgen, als deren Signifikant und Platzhalter Margarete am Ende ersteht.

II. 1 Irrisierende Verläufe

Mit dem Eintritt in das Reich der Hexe begibt sich Faust auf schwankenden Boden. Aus seiner anfänglichen Beschwerde über die Situation spricht Unsicherheit, Angst und Widerwillen:

(Faust)   Mir widersteht das tolle Zauberwesen!
    Versprichst du mir, ich soll genesen
    In diesem Wust von Raserei?
    Verlang ich Rat von einem alten Weibe?
    Und schafft die Sudelköcherei
    Wohl dreißig Jahre mir vom Leibe? (67)

Das »tolle Zauberwesen«, der »Wust von Raserei«, die »Sudelköcherei«: Was Faust hier insgesamt aufzählt, sind Dinge, die er weder ab- noch einzuschätzen vermag. Dinge, von denen er sich bis dato sogar entschieden fern gehalten hatte, da sie einem von ihm unbegriffenen, fremden und namenlosen Bereich angehören.[5] Nun aber – durch Mephistos Ansinnen – setzt Faust sich diesen unkontrollierbaren Kräften aus.

Das Schlimmste aber für Faust ist, daß der Jungbrunnen zu seiner Verschönerung und Verjüngung auf eine weibliche Urheberin und zwar auf eine »alte« Frau zurückgeht: (Faust) »Warum denn just das *alte* Weib! Kannst du den Trank nicht selber brauen?« (67, Hvhb. von mir, K. B. J.) Mit dieser Frage erwischt Faust Mephisto an dessen wunder Stelle, denn nun muß auch der Meister der Magie eingestehen, daß seine Kräfte begrenzt sind und auch ihm die wahre Wirkung und Entstehung des Zaubertranks unbekannt sind:

---

5   Hier wäre eine genaue Untersuchung über die Qualität jener Geister, die Faust beschwört, sowie die der Hexe notwendig. Handelt es sich hier um schwarze oder weiße Magie? Die Untersuchung kann an dieser Stelle nicht aufgenommen werden. Zur weiterführenden Lektüre: Rolf Christian Zimmermann, Das Weltbild des jungen Goethe. Studien zur hermetischen Tradition des deutschen 18. Jahrhunderts. Zwei Bände, hier besonders Teil I: Elemente und Fundamente, München 1969.

(Mephistopheles) Ich wollt indes wohl tausend Brücken bauen.
Nicht Kunst und Wissenschaft allein,
Geduld will bei dem Werke sein. ...
Die Zeit nur macht die feine Gärung kräftig.
Und alles, was dazu gehört,
Es sind gar wunderbare Sachen!
Der Teufel hat sie's zwar gelehrt;
Allein der Teufel kann's nicht machen. (67/68)

Weder Kunst noch Wissenschaft – unter anderem die Domänen Fausts –, sondern die »Geduld« wird hier als die entscheidende Tugend genannt, die beiden Männern abgeht und die – so scheint es – allein dem Weibe zugehört. Die Frau – so die Ausführung Mephisto – ist die Herrin über die Zeit und damit über das Schicksal und das Leben selbst. Allein sie kennt das Geheimnis, welches das Leben und den Tod bestimmen.

»Der Teufel hat sie's zwar gelehrt; Allein der Teufel kann's nicht machen.« »Lehre« – theoretische Weitergabe von Wissen – und »Machen« – Aktivität, Handeln, Tun – erscheinen als zwei inkompatible Größen, die geschlechtsspezifisch konnotiert sind und in Mann und Frau auseinanderfallen. Diese Absage aber an das theoretische Wissen-Können über die Welt stellt Fausts Position als Wissenschaftler in Frage und muß ihn ins Mark treffen. Das Spottgedicht der Tiere am Ende des Aufzugs, »Die hohe Kraft Der Wissenschaft, Der ganzen Welt verborgen! Und wer nicht denkt, Dem wird sie geschenkt, Er hat sie ohne Sorgen.« (73/74) zielt genau auf diese Hybris Fausts, sich die Welt gänzlich theoretisch aneignen und sie erklären zu wollen.

(Mephistopheles) *(Die Tiere erblickend.)* Sieh, welch ein zierliches Geschlecht!
Das ist die Magd! das ist der Knecht!
(Zu den Tieren.) Es scheint, die Frau ist nicht zu Hause?
(Die Tiere) Beim Schmause,
Aus dem Haus
Zum Schornstein hinaus!
(Mephistopheles) Wie lange pflegt sie wohl zu schwärmen?
(Die Tiere) So lange wir uns die Pfoten wärmen.
(Mephistopheles) *(zu Faust)* Wie findest du die zarten Tiere? (68)

Im Gegensatz zu Faust bewegt Mephisto sich im Reich der Hexe wesentlich souveräner, neugieriger und gelöster. Aus der Bezeichnung der Meerkatzen als »zierlich« und »zart« spricht seine Faszination, die – wir werden gleich sehen – Faust auf das heftigste abwehrt. Neugierde und Interesse Mephistos lassen sich auch daran erkennen, daß er die schönen Tiere direkt und vorerst

... lose Poesie und gekappte Zunge

mit großem Respekt anspricht. Das ändert sich nach der Abwehrreaktion Fausts.

(Faust) So abgeschmackt, als ich nur jemand sah!
(Mephistopheles) Nein, ein Discours wie dieser da
Ist grade der, den ich am liebsten führe!
(Zu den Tieren) So sagt mir doch, verfluchte Puppen,
Was quirlt ihr in dem Brei herum? (68)

Was Mephisto an diesem »Discours« so gut gefällt, ist der leichte, spielerisch-frivole Ton, in dem dieses kleine Gespräch gehalten ist. Die Sätze greifen als lose, nur über den einfachen Reim verbundene Glieder ineinander. Abgekoppelt von jedem Informationsgehalt sind sie alleine am Reim, am Sing-Sang orientiert: »(Mephisto): Wie lange pflegt sie wohl zu schwärmen? (Die Tiere) So lange wir uns die Pfoten wärmen.« Sprache geriert hier zu gekonntem Nonsens, zu gedrechselt-zierlichem Un-Sinn, der ewig fortzusetzen, dem reinen Ausdruck einer Laune (capriccioso) entspringt. Und eben das gefällt Mephisto, der – wie man weiß – am inhaltsschweren Sinn wenig Interesse hat und der Negation, dem Nicht-Sinn verschrieben ist: »Ich bin der Geist, der stets verneint! Und das mit Recht; denn alles, was entsteht, Ist wert, daß es zugrunde geht; Drum besser wär's, daß nichts entstünde. So ist denn alles, was ihr Sünde, Zerstörung, kurz, das Böse nennt, Mein eigentliches Element.« (39)

Um Faust seine Faszination zu verbergen und sich nicht weiter vor ihm bloßzustellen, markiert Mephisto im folgenden, zweiten Teil des Zitats, seine Überlegenheit und ändert den Ton der Anrede: »So sagt mir doch, verfluchte *Puppen*, Was quirlt ihr in dem Brei herum?«[6] (Hvhb. von mir, K. B. J.). Der folgende Katalog an Fragen, den der im Haushalt der Hexe wahllos herumschnüffelnde, neugierige Mephisto herunterbetet, zeigt ihn als Uneingeweihten, als Nichtkenner. Zwischen Mephisto und den Tieren beginnt ein Frage-Antwort-Spiel, das den Spürhund Mephisto keinesfalls befriedigt, sondern ihn – im Gegenteil – immer weiter aufs Glatteis führt und ihm seine aufgesetzte Überheblichkeit sukzessive nimmt. Die Tiere, eingeweiht in das heilige Tun der Hexe als deren Priester oder Diener, stellen nun umgekehrt ihre Überlegenheit zur Schau, an denen die Fragen Mephistos wie Wassertropfen abperlen:

---

[6] »puppe« gewöhnl. dimin. »pupille«, besonderes Kosewort, in: Dt. Wörterbuch der Gebrüder Grimm, Bd. 13, München 1984, Seite 2245.

(Mephistopheles) Was soll das Sieb?
(Der Kater) *(holt es herunter)*. Wärst du ein Dieb,
 Wollt ich dich gleich erkennen.
 (Er läuft zur Kätzin und läßt sie durchsehen.)
 Sieh durch das Sieb!
 Erkennst du den Dieb?
 Und darfst ihn nicht nennen?
(Mephistopheles) *(sich dem Feuer nähernd)*. Und dieser Topf?
(Kater und Kätzin) Der alberne Tropf!
 Er kennt nicht den Topf,
 Er kennt nicht den Kessel!
(Mephistopheles) Unhöfliches Tier! (69)

Hatte Mephisto am Anfang noch Spaß an den losen Wortreimen der Tiere, verstrickt er sich hier immer tiefer in ihr tautologisches, inhaltloses und unermüdlich kalauerndes Geplänkel, das keinen Sinn ergibt – wo doch jetzt nach Sinn und Verstehen gefragt wird! Mit dem Ausruf »Unhöfliches Tier!« ist vorerst eine erste Krise und ein Tief Mephistos erreicht. Der Ausruf ist kein drohender Verweis, sondern liest sich als hilflose Gebärde, keinen Zugriff auf die Tiere und ihr Tun zu gewinnen.

Diese Schwächung von Mephistos Macht durch die Tiere – die ihn ja als den Teufel (»Dieb«)[7] längst erkannt haben, wie aus dem Ausspruch »Und darfst ihn nicht nennen?« herauszulesen ist (69/70)[8] – findet ihren Höhepunkt in seiner symbolischen Krönung zum Bettelkönig. Zur symbolischen Machtausstattung mit Zepter, Weltkugel und Krone dienen die umsonst von Mephisto nachgefragten, änigmatischen Haushaltsgeräte, die nun metaphorischen Charakter bekommen:

---

[7] Das Wort »Dieb« kann als Anspielung auf den listigen Mephistopheles gelesen werden. Zur Verwandschaft des Wortes »Dieb« mit »Mephistopheles«, siehe: Dt. Wörterbuch der Gebrüder Grimm, Bd. 2, Seite 1086-1087.

[8] Obwohl es hier um das reine Wortspiel, um das lose Reimen und Vertauschen von Buchstaben geht, ist der Wortverschiebung »(S)ieb« auf »(D)ieb« doch ein Sinn abzugewinnen. Der Dieb ist ein anderes Wort für Betrüger. Das Tier, das sich das Sieb wie eine Karnevalsmaske vor das Gesicht hält, ist selbst nicht mehr zu sehen, aber es erkennt. Es kommt zu einer paradoxen Umkehrung: Eine Wahrnehmungstheorie wird hier aufgestellt, in der weniger und gerichtetes Sehen (durch die Löcher des Siebs) *mehr* ist und mit Erkenntnis kurzgeschlossen wird. Die gestreute Wahrnehmung Mephistos dagegen mit dem ganzen Gesichtsfeld dringt nicht vor und ist »blind«. Es handelt sich in der gesamten Hexenküchen-Szene also auch um verschiedene Wahrnehmungsformen und -muster, die nebeneinander gesetzt, gegeneinander ausgespielt werden (siehe auch Fausts folgende Spiegel-Schau). Vgl. dazu den Hinweis im Grimmschen Wörterbuch, daß »puppe« auch »pupille« bedeutet.

... lose Poesie und gekappte Zunge

(Der Kater)   Den Wedel nimm hier,
                Und setz dich in Sessel!
                (Er nötigt den Mephistopheles zu sitzen ... Mephistopheles, sich in dem Sessel dehnend und mit dem Wedel spielend, fährt fort zu sprechen.)
(Mephistopheles) Hier sitz ich wie der König auf dem Throne,
                Den Zepter halt ich hier, es fehlt nur noch die Krone.
(Die Tiere)   *(welche bisher allerlei wunderliche Bewegungen durcheinander gemacht haben, bringen dem Mephistopheles eine Krone mit großem Geschrei.)*
                O sei doch so gut,
                Mit Schweiß und mit Blut
                Die Krone zu leimen!
                (Sie gehn ungeschickt mit der Krone um und zerbrechen sie in zwei Stücke, mit welchen sie herumspringen.)
                Nun ist es geschehn!
                Wir reden und sehn,
                Wir hören und reimen – (69/70)

Wie somnambul und willenlos läßt sich Mephisto von den Tieren in den Sessel-Thron drücken. Daß er jede Kontrolle qua Anspannung über sich verloren hat, wird hier durch seine Gestik nahegelegt: »sich in dem Sessel dehnend und gedankenlos mit dem Wedel spielend.« Mit dem Zerbrechen der Krone ist die symbolische Demontage des Teufels auf den Höhepunkt getrieben, Mephistos Machtposition zerbrochen und er selbst »entthronisiert«.

II. 2 Kulminationen

Die Szene des symbolischen Machtverlusts von Mephisto fällt nicht nur genau mit dem Gedächtnisverlust und der Ohnmacht Fausts vor dem Spiegel zusammen, sondern wie in einer Kettenreaktion verlieren auch die Tiere sowie die kurz darauf erscheinende Hexe die Kontrolle über die Situation. Diese allgemeine Kollision wird uns im folgenden beschäftigen. Hatten wir Faust bis zum Zeitpunkt seines Wiedererscheinens im Spiegel aus den Augen verloren, so treffen wir ihn zeitgleich mit der endgültigen Dekonstruktion Mephistos wieder.

Bevor wir auf das höchst schwierige Verhältnis von Faust zu seinem Spiegelbild eingehen, das ihm als verzerrtes, weibliches und »himmlisches Bild« entgegen kommt, ist es wichtig zu bemerken, daß der Ausspruch Mephistos: »*(auf die Tiere deutend)* Nun fängt mir an fast selbst der Kopf zu schwanken.« (70)[9] parallel zu Fausts Ausruf erfolgt: »Weh mir! ich werde schier verrückt.« (70). Beide, Faust wie Mephisto, erleben ein und denselben Moment der Ohnmacht. Bei allen Protagonisten – Mephisto, Faust, den Tieren und der ankommenden Hexe – fällt der Moment des Kontrollverlusts zusammen. Dieser Moment (2450-2475) stellt den Dreh- und Angelpunkt des gesamten Aufzugs der »Hexenküche« dar. Kann Faust seine sich zur hypochondrischen Pein ausgewachsene Schau nicht mehr ertragen – »Weh mir! Ich werde schier verrückt. (Faust) *(wie oben)* Mein Busen fängt mir an zu brennen! Entfernen wir uns nur geschwind!« – so kann Mephisto dagegen seiner Ohnmacht ein Positives abgewinnen, indem er die Macht der Tiere anerkennt: »(Mephistopheles) *(in obiger Stellung)* Nun, wenigstens muß man bekennen, daß es aufrichtige Poeten sind.« (70)[10] Hat es Mephisto mit tautologischen Sprachfiguren zu tun, die ihn kopf- und haltlos werden lassen, so kämpft Faust gegen den figürlichen Eindruck des Frauenbildes an, das auf ihn einwirkt. »Reden und Sehn / Hören und Reimen« stellen demnach zwei verschiedene Paradigmen von Sinn und Wahnsinn dar, die auf beide Protagonisten aufgeteilt werden.[11]

II. 3 Verlust und Überschreitung

(Faust)   *(welcher diese Zeit über vor einem Spiegel gestanden, sich ihm bald genähert, bald sich von ihm entfernt hat)*
Was seh ich? Welch ein himmlisch Bild
Zeigt sich in diesem Zauberspiegel!
O Liebe, leihe mir den schnellsten deiner Flügel,
Und führe mich in ihr Gefild!
Ach wenn ich nicht auf dieser Stelle bleibe,
Wenn ich es wage, nah zu gehn,
Kann ich sie nur als wie im Nebel sehn! –
Das schönste Bild von einem Weibe!
Ist's möglich, ist das Weib so schön?
Muß ich an diesem hingestreckten Leibe
Den Inbegriff von allen Himmeln sehn?
So etwas findet sich auf Erden?...
(Faust sieht immerfort in den Spiegel. ...)
(Faust) *(gegen den Spiegel).* Weh mir! Ich werde schier verrückt. ...

---

[9] Die Tiere reimen darauf ihr Wort »Gedanken«.
[10] Bei der Sprachfigur »aufrichtige Poeten« handelt es sich um ein Oxymoron. Siehe auch das Stichwort »Poeterei«, in: Dt. Wörterbuch der Gebrüder Grimm, München 1984, Bd. 13, Seite 1970.
[11] »Wahn-Sinn« ist abgeleitet von (latein.) »vana, vesanus, vesania«, (ahd.) »vanus, wanne, wande« und bedeutet soviel wie »leerer Sinn«.

(Faust) (wie oben). Mein Busen fängt mir an zu brennen!
Entfernen wir uns nur geschwind! (69-70)

Hatte Faust sich am Anfang noch vehement gegen Zauber, Sudelköcherei und Weiber gewehrt, so kann man jetzt von einer Umkehrung der Situation sprechen. Die Vorzeichen haben gewechselt, der Widerwille wird zum Wieder-Willen, zum Begehren. Faust scheint, indem er immer wieder vorsichtig vor dem Spiegel auf- und abmarschiert, genau jenen Winkel abmessen zu wollen, jenen Spalt, der ihm zwischen seinen eigenen Spiegelbildhälften das Andere, Weibliche zurückwirft. Das Weibliche erscheint als jener unsichtbare Kern, der sich ihm erst bei einer bestimmten und noch zu bestimmenden Betrachtung und Positionierung offenbart. Ein verborgenes Bild, ein in sich gekehrtes, inneres Bild, das erst auf den zweiten, vexierenden Blick offenbar wird, dem sich aber nicht genähert werden kann: »Ach wenn ich nicht auf dieser Stelle bleibe, Wenn ich es wage, nah zu gehn, Kann ich sie nur als wie im Nebel sehn!«

Fassen wir zusammen: Erst im Hin- und Hergehen, im wiederholten Abmessen seiner Bewegungen, erscheint Faust die Version und Vision eines anderen, verschwommenen Bildes, das ihn offensichtlich nicht selbst darstellt, sondern ihn als fremde, weibliche Gestalt verzerrt wiedergibt. Da das betrachtete Bild von seiner Bewegung, von Nähe und Entfernung zum Spiegel und von seiner Person überhaupt abhängt – es also nicht von alleine da ist –, kann Faust das fremde Bild sein oder nicht. Das andere, sogenannte weibliche Bild erscheint ihm dabei in der Nähe als unnahbare Ferne[12] – und umgekehrt ist es ihm in der Ferne nah. Die Gestalt ist hinter Nebel und Schleier verborgen und liegt »hingestreckt«, vielleicht schlafend, vielleicht aber auch tot, auf dem Grund des Spiegels. Faust hingegen steht, sieht und konzentriert sich. Faust im Spiegel und Faust vor dem Spiegel stellen also zwei gegensätzliche Zustände vor, deren Verhältnis noch zu bestimmen wäre.

Doch betrachten wir selber den Zauberspiegel: Zwischen seinen beiden konkav-konvex verzerrten Hälften – denn um solch einen Jahrmarktspiegel,

---

[12] Vgl. dazu Walter Benjamins Definition von »Aura«: »Es empfiehlt sich, den oben für geschichtliche Gegenstände vorgeschlagenen Begriff der Aura an dem Begriff einer Aura von natürlichen Gegenständen zu illustrieren. Diese letztere definieren wir als einmalige Erscheinung in der Ferne, so nah sie sein mag. An einem Sommernachmittag ruhend einem Gebirgszug am Horizont oder einem Zweig folgen, der seinen Schatten auf den Ruhenden wirft – das heißt Aura dieser Berge dieses Zweiges atmen.« Aus: Das Kunstwerk im Zeitalter seiner technischen Reproduzierbarkeit, in: Illumination. Ausgewählte Schriften, hg. von Siegfried Unseld, Frankfurt am Main 1974, Seite 142, Hvhb. von mir., K.B.J.

ein Spiegelkabinett der optischen Täuschung könnte es sich handeln – erscheint Faust ein Drittes, ein Kern oder ein Spalt. Diese eröffnete, innere Mitte ermöglicht ihm die Durchsicht auf ein bis dahin Verborgenes, (Wesentliches). Sein Auge versucht dabei das Bild zu erschließen und in dessen Besitz zu gelangen.[13] Genau dieser voyeuristischen, hypostasierenden Sichtweise aber entzieht es sich, denn das Bild verschwimmt – ähnlich einem Vexierbild – Faust vor dem Auge: »Wenn ich es wage, nah zu gehn ...«. Das Gesehene bleibt einmalig und unwiederholbar: »(Faust) Laß mich nur schnell noch in den Spiegel schauen! Das Frauenbild war gar zu schön! (Mephistopheles) Nein! Nein! ...« (74) Das eröffnete Bild wird also nicht Gegenstand, wird nicht greifbare, eindeutige Form (Objekt) und Nähe des Begehrten, sondern es verschwimmt Faust vor dem Auge, das sich eventuell in Tränen auflöst.

Auf das unbekannte, vage, flüchtigferne Wesen reagiert Faust mit Fassungslosigkeit, Trauer und Panik: »Weh mir! Ich werde schier verrückt. (Faust) *(wie oben)* Mein Busen fängt mir an zu brennen! Entfernen wir uns nur geschwind!« Mit dieser neuen, dritten Sichtweise, die hier eingeführt wird, tritt Faust einerseits zu sich in Widerspruch: Das gesicherte Selbst – »FAUST.« – wird erschüttert und droht in der Mitte zu zerspalten.[14] Andererseits – und das wäre die hier vorgeschlagene Lesart – gewinnt Faust sich vor dem Spiegel als ganzer zurück und wird ihm sein geheiltes, vollständiges Selbstbildnis wiedergegeben.

Mit diesem Deutungsversuch rückt die Spiegel-Szene aus dem Kontext des Narzißmus heraus. Hatte sich Narziß, wie bei Ovid in den »Metamorphosen« beschrieben, unsterblich in sein eigenes Spiegelbild verliebt, so wird hier genau die umgekehrte Bewegung vollzogen: Nicht das eigene, sondern das fremde, hinter dem Amalgam des sichtbaren Ich liegende Un- oder Ureigene wird zum Objekt der Begierde: Doch dieser Grund als *Gegensatz* bleibt Faust weiterhin verborgen, läßt sich nicht objektivieren und ist nicht – auch im Tode nicht – zu besitzen.[15] Damit geht Faust über Narziß (»Wehgeschrei«) hinaus. Das Ideal,[16] das sich im Spiegel offenbart:

---

[13] Oder in den Worten Derridas, das Hymen zu zerreißen (»deflorer«). Diese Sucht und Neugierde von Faust, das Gesehene noch einmal zu sehen, klingt aus seiner Bitte an Mephisto nach: »Laß mich nur schnell noch in den Spiegel schauen! Das Frauenbild war gar zu schön!« (74)
[14] Vgl. auch: »Zwei Seelen wohnen, ach! in meiner Brust!« (33)
[15] Dieser erste Grund als schemenhaftes Spiegelbild läßt sich nur um den Preis des Verlusts in die Sprache (über)setzen.
[16] Das Double des Ideals ist das Idol, (genannt: Eidola oder auch griechisch: eidolon und lateinisch: idolum), »was soviel wie ein Gebilde bedeutet, das einem wahren Wesen trügerisch nachgeahmt ist.« (Bertold Hinz) Fausts »visuelle Wahrnehmung«

— »Das schönste Bild von einem Weibe! Ist's möglich, ist das Weib so schön? Muß ich an diesem hingestreckten Leibe Den Inbegriff von allen Himmeln sehn? So etwas findet sich auf Erden?« — kann nicht nur nicht vereinnahmt werden, sondern enttarnt die beiden Gestalten Faust *vor* und *im* Spiegel als unvollkommen, entkernt und ent–stellt. Der Spiegel/die Spiegelung verlieren ihre reflexive Bedeutung und die Differenz — welche konstitutiv für Bewußtsein, Sprache und Subjekt ist — tritt schmerzvoll ins Bewußtsein, ins Bild. So wird Faust — lange bevor er den Zaubertrunk zu sich nimmt — auf ein Drittes, Gegenstands- und Erfahrungsloses bezogen, für das im folgenden der Name »Margarete« einsteht. Der Spiegel als Medium und Metapher der Reflexion wird an Ort und Stelle blind und zerbricht.[17]

III. Das wiedergewonnene Double: Es selbst

Die Zusammenführung Fausts mit Margarete in dem oben genannten Sprachparadigma: »(Faust) Mein schönes Fräulein, darf ich wagen, Meinen Arm und Geleit Ihr anzutragen? (Margarete) Bin weder Fräulein weder schön, Kann ungeleitet nach Hause gehn.«, gewinnt vor diesem Hintergrund eine neue Qualität. Die Annahme ist, daß Faust durch die Gewahrwerdung seines Mangels und das Zurücktreten der Reflexion hinter sein Begehren einen Moment lang von etwas anderem, einer Lust besessen und überwältigt wird: »Das ist nun zum Entzücken gar!«[18] — die nicht mit Mephisto in

---

läßt sich nicht ausschließlich auf das Idealische reduzieren, sondern sie hat auch imaginativen, subjektiven und triebbestimmten Charakter und produziert damit ein Wunschbild und Idol. Vgl. dazu: Bertold Hinz, Aphrodite. Geschichte einer abendländischen Passion, München/Wien 1998, Seite 91 ff.

[17] Vgl. dazu auch: Jacques Lacan, Das Spiegelstadium als Bildner der Ichfunktion, in: Das Werk, in dt. Sprache hg. von Norbert Haas und Hans-Joachim Metzger, Weinheim/Berlin 1986, Seite 61-70; ders., Das Seminar. Buch 11 (1964). Die vier Grundbegriffe der Psychoanalyse, in dt. Sprache hg. von Norbert Haas und Hans-Joachim Metzger, Weinheim/Berlin 1987; Sigmund Freud, Vorlesungen zur Einführung in die Psychoanalyse, in: Studienausgabe, Bd. I., hg. von Alexander Mitscherlich, Angela Richards und James Strachey, Frankfurt am Main 1989, Seite 41-98; Ovid, Metamorphosen, in dt. Prosa übertragen von Michael von Albrecht, München 1988; Luce Irigaray, Speculum. Spiegel des anderen Geschlechts, Frankfurt am Main 1980; Ralf Konersmann, Lebendige Spiegel. Die Metapher des Subjekts, Frankfurt am Main 1991.

[18] Das Stichwort »Entzücken« heißt: »rapere, abstrahere, wegnehmen, dahinnehmen, entrücken, gewaltsam, plötzlich entziehen, wegreißen«, in: Wörterbuch der Gebrüder Grimm, Bd. 3, München 1984, Seite 667 ff. Das Wort »zücken« wirkt in einigen Wörtern wie zum Beispiel in »zucken« nach: »Es zuckt in jedem Nacken die

Übereinstimmung zu bringen ist. Damit verläuft diese Spiegel-Schau – trotz der vordergründigen Mitwirkung Mephistos – dessen Intention zutiefst zuwider und führt außerhalb seines Machtbereichs. Genauer: Mephisto gilt es, dieses Begehren bei Faust wieder auszulöschen oder in eine kontrollierbare Bahn zu lenken. Die Tilgung von Fausts Begehren aber ist mit der Zerstörung Margaretes gleichbedeutend.

Mephisto murrt über die Wahl Fausts, die auf Margarete fällt: »Über die hab ich keine Gewalt!« (75). Ebenso wird er fast arbeitslos und beinahe von Faust gefeuert: »(Faust) Hätt ich nur sieben Stunden Ruh, Brauchte den Teufel nicht dazu, So ein Geschöpfchen zu verführen.« (77) Schon vorher hatte Mephisto symbolisch die Macht verloren. Erinnert sei an die Szene mit der zerbrochenen Krone, die die Katzen Mephisto auf dem Schmuddelthron bringen. Diese Gefährdung der Macht Mephistos setzt sich also in der Begegnung Fausts mit Margarete fort. Margarete und Mephisto könnten, so die These, jetzt als Kontrahenten angesehen werden: Margarete stellt die Demarkationslinie von Mephistos Machtbereich dar.

So erklärt sich die folgende Dekomposition der Margareten-Figur, die auch – und das ist weniger offensichtlich – die Demontage der Faust-Figur mit einschließt. Dennoch gibt der Text die Margareten-Figur in ihrer entfesselnden Qualität nicht sofort, sondern erst langsam und sukzessive preis. Vorerst wird sie als das harmlos erscheinende »Gretchen« aufgebaut, das scheinbar leicht zu identifizieren ist: Als einzige Figur erhält sie eine Geschichte, einen Vornamen und eine Biographie.[19] Dennoch unterläuft Margarete dieses unisone Identitäts-konzept permanent, indem aus ihr mehrere Stimmen und Personen zugleich sprechen, die sich auf keinen einheitlichen Nenner und Namen festlegen lassen. Ist Margarete am Anfang nur »Faust(s)« Zitat, Echo und also seine verstümmelte Kopie, so bricht dieser in und durch Margarete markierte Sprung in der Sprache unter zunehmendem Druck auf. Aus ihr spricht ein unartikulierter und unkontrollierbarer Rest, der die logische Ordnung der Sprache zunehmend zersetzt und zerstört. Im Kerker – so wird noch zu zeigen sein – setzt sie/es sich frei, spricht mit vielen Stimmen und bringt ein Abgespaltenes, Ausgegrenztes radikal zur Sprache.

Schärfe die nach meinem zuckt!« (früheste Prosastücke der Faust-Dichtung im Kommentarband: Faust Kommentare, hg. A. Schöne, Seite 194). Ebenso »zucken« Mignons Glieder und Ottilie fällt »fast in Zuckungen«. Für diesen Hinweis danke ich Heike Brandstädter.

[19] Hier muß noch »Marthe«, die Kupplerin, mit angeführt werden.

III. 1 Sprache/Spiegel/Bildlichkeit

In dem der »Straßen«-Szene folgenden Aufzug »Abend« ist Margaretes Rede zunächst wieder die Spiegelung von der Fausts. Margarete »redet« wie vormals Faust, sie findet die gleichen Dinge an ihm begehrenswert, die er an ihr konstatiert hatte. Damit liefert sie ein nachträgliches, zeitlich verspätetes, sprachliches Pendant, ein Echo zu Faust, ähnlich der ersten Redefigur. Wir stellen beide Reden gegeneinander:

(Faust)
Beim Himmel, dieses Kind ist schön!
So etwas hab ich nie gesehn.
Sie ist so sitt- und tugendreich
Und etwas schnippisch doch zugleich.
Der Lippe Rot, der Wange Licht,
Die Tage der Welt vergeß ichs nicht!
Wie sie die Augen niederschlägt,
Hat tief sich in mein Herz geprägt;
Wie sie kurz angebunden war,
Das ist nun zum Entzücken gar! (75)

(Margarete)
Ich gäb was drum, wenn ich nur wüßt,
Wer heut der Herr gewesen ist!
Er sah gewiß recht wacker aus,
Und ist aus einem edlen Haus;
Das konnt ich ihm an der Stirne lesen –
Er wär auch sonst nicht so keck gewesen. (77)

Die Ähnlichkeit dieser taxierenden und abmessenden Redeweisen beider Figuren ist evident. Wieder dient die Physiognomie als Vorlage, um auf den moralischen Charakter zu schließen und diesen zu entziffern und zu beurteilen:[20] »sitt- und tugendreich« stehen dabei »wacker« und »edel«

---

[20] Der junge Goethe hatte sich ausgiebig mit der physiognomischen Lehre Lavaters beschäftigt. Diese besagt in nuce, daß der moralische Charakter einen grundphysiognomischen Ausdruck hat (Urbild). Lavater arbeitete an einem enzyklopädischen Werk, das vorsah, sämtliche Spielarten und sogenannte »Anormalitäten« aufzunehmen (hohe Stirn gleich klug; niedrige Stirn gleich dumm und gemein). Der Wille zur umfassenden Katalogisierung folgt durch und durch der zeitgenössischen Aufklärungsbestrebung und findet zum Beispiel in Linnées katalogischen Sammlungen (Frankreich, 18. Jh.) sein Pendant. Interessant ist, daß trotz der Distanzierung damals und heute von solch einem Bewertungsmaßstab immer noch eine unkritische Adaption von Lavaters physiognomischer Beurteilung besteht – die Lehre ist allgemein als falsch abgeurteilt worden –, und gerade in Spontanbeurteilungen (siehe Faust und Margarete) immer wieder durchscheint. Lavater beschrieb jenes erste, sogenannte »spontane« Wahrnehmungs- und Bewertungsparadigma und legte einen Grundstock zur wertenden, ersten Beurteilung durch Anschauung. Indem nun

gegenüber; »schnippisch« und »kurz angebunden, keck«. Beide, Faust wie Margarete, meinen es mit einem höheren, einzigartigen, ausgezeichneten Wesen zu tun zu haben, beide gefallen einander und beschreiben ihr Gefallen in der gleichen Prädikation. In diesem spiegelbildlichen Gefallen, in ihrem sprachlichen Ineinandergleiten, hat Mephisto keinen Platz.

Das, was Faust vor aller Sichtbarkeit betont, ist die Kürze,[21] die Plötzlichkeit und damit die Zeit, in der jener erste Eindruck entstand.[22] Ebenso ist es die Spannung aus Unvereinbarkeit und Gegensätzlichkeit, die das Bild Margaretes aufbauen, Faust prägen und faszinieren. Die Adjektive »schnippisch« und »kurz angebunden« stellen jene energetische Pointierung von Zeit und Sprache heraus: Äußerst knapp, auf den Punkt gesprochen ist Margaretes Antwort und damit lakonisch, frech, über sich hinausweisend, anspielungsreich. Auch das Augen-nieder-schlagen deutet auf ein kurzes, intensives Zeitmaß: auf den Augen-Blick.[23] Margarete guckt erst – dann schlägt sie die Augen nieder. Ein direkter Blickkontakt und damit Augen-Austausch hat stattgefunden.[24] Faust, wie einst Wilhelm Meister, gehen dieser kurze und intensive Blickwechsel direkt ins »Herz«, und beide werden von da an von diesen Blicken, denen Mignons und Margaretes,

---

Goethe diese Beurteilung im Sinne Lavaters hier anbringt, kann eine erste kritische Stellungnahme und Auseinandersetzung mit Lavater – gerade auch im geechoten Wort Margaretes – ausgemacht werden.

[21] Deutsches Sprichwort: In der Kürze liegt die Würze.

[22] Karl-Heinz Bohrer hat den Begriff der »Plötzlichkeit« für die moderne Literatur theoretisch verfügbar gemacht. Die Plötzlichkeit kennzeichnet nach Bohrer die Schreibweise der modernen Literatur. In: Karl-Heinz Bohrer, Plötzlichkeit. Zum Augenblick des ästhetischen Scheins, Frankfurt am Main 1981.

[23] Zur weiteren Interpretation des »Augenblicks« vgl. auch: Sibylle Benninghoff-Lühl, »Figuren des Zitats«. Eine Untersuchung zur Funktionsweise übertragener Rede, Stuttgart/Weimar 1998, Seiten 330 bis 360, besonders Seite 348.

[24] Hier wäre eine direkte Analogie zur ersten Begegnung Wilhelms mit Mignon im Wilhelm Meister. Blitzartig scheint dort der »schwarze« Blick Mignons auf, der sich Wilhelm ins Herz bohrt, ihn »prägt« und von da an beherrscht. Alle drei Bestandteile: Augen/Blick – Geheimnis – Prägung – tauchen in der Begegnung Fausts mit Margarete/Mignon gleichzeitig auf: »Nachdenkend über dieses artige Abenteuer ging er (Wilhelm, K. B. J.) nach seinem Zimmer die Treppe hinauf, als ein junges Geschöpf ihm entgegensprang, das seine Aufmerksamkeit auf sich zog. ... Mit einem scharfen, schwarzen Seitenblick sah sie ihn an, indem sie sich von ihm losmachte ... ohne zu antworten. ... Diese Gestalt prägte sich Wilhelmen tief ein; er sah sie noch immer an ...« (Aus: J. Goethe, Wilhelm Meisters Lehrjahre, Stuttgart 1982, Seite 91 und 99).

»geprägt«, beherrscht und verfolgt. Das Wort »Prägung« läßt weitere Assoziationen zu: Aufprägen, Aufdrucken, Stempeln. [25]

Die Aufspaltung des Gretchen-Bildes in unvereinbare Gegensätze läßt, in abgewandelter Form, wieder die erste Begegnung Wilhelms mit Mignon assoziieren: Das *Zugleich* von »sitt- und tugendreich« *und* »schnippisch«; von »sitt- und tugendreich« *und* »Lippe Rot, Wange Licht« – entzündete sich dort an dem gleichzeitigen Vorhandensein von weiblichen und männlichen Geschlechtsattributen. Dennoch ist es ebenso dieses Zugleich von Verschiedenem, das diese Begegnungen für die Protagonisten Faust wie Wilhelm so einmalig und prekär werden lassen. Könnte es sein, so ließe sich fragen, daß hier das Lavater'sche Paradigma der moralischen Beurteilung anhand der Physiognomie nicht mehr ausreicht?[26] Daß es sich ad absurdum führt oder überschlägt? Kommen hier nicht – indem Tugend auf Sinnlichkeit zurückgeführt wird – die Wahrnehmungsmuster »verrucht« und »tugendreich« durcheinander und werden zu hilflosen Halteseilen einer konkreten Begegnung und einmaligen Erfahrung? Ist es vielleicht dieser Durchbruch durch das Raster der Vorurteile, die diese Begegnungen zu exorbitanten Erfahrungen werden lassen und Faust zu dem Ausruf treiben: »Beim Himmel, dieses Kind ist schön! So etwas hab ich nie gesehn.« ?

Nun zur Rede Margaretes: »Ich gäb was drum, wenn ich nur wüßt, Wer heut der Herr gewesen ist! Er sah gewiß recht wacker aus Und ist aus einem edlen Haus; Das konnt ich ihm an der Stirne lesen – Er wär auch sonst nicht so keck gewesen.« Spiegelbildlichkeit und Reduktion geben sich auch hier wieder – analog der ersten Redeschleife – die Hand. Das prekäre, einmalige Moment aber, das der Rede Fausts einwohnt, fehlt. Die Sprache Margaretes erscheint wie ein flacher, schaler Abdruck. Die Spannung darin ist nicht halb so stark und in dem »Ich gäb was drum, wenn ich nur wüßt, Wer heut der Herr gewesen ist!« nur ansatzweise enthalten. Wieder oder noch immer spricht Margarete wie Faust – wenn auch weit weniger gekonnt und wesentlich vereinfacht. Im folgenden, so wird zu zeigen sein, verläßt Margarete dieses von Faust vorgegebene Sprachparadigma und wird zunehmend sie/es selbst.

---

[25] Zum Wort »Prägung« siehe: Albrecht Schöne: Emblematik und Drama des Barock, München 1968; Dt. Wörterbuch von Jacob und Wilhelm Grimm. fotomechanischer Nachdruck der Erstausgabe 1954, 33 Bde., München 1984.
[26] Siehe Diskussion um Lavater in der Fußnote 20.

III. 3 Der zerbrochene Name:
Marthe – Margerite – Margarete – Grete – Gretchen – Gretelchen

Die »Garten«-Szene: Die Szene spielt im Dunkeln und ist nach akkustischen Gesichtspunkten gebaut: ein Hörspiel oder Hörbild. Vier Figuren sind aufgeteilt in zwei Paare. Beide Sprecher-Gruppen »Mephisto/Marthe« und »Faust/Margarete« sind nicht zu sehen. Bei ihrem Näherkommen kann man jedoch ihre paarweise geordneten Stimmen aus dem Dunkeln vernehmen. Bei ihrem Wegtreten ins Dunkel – in den Hintergrund der Bühne – ebben diese wieder ab und die jeweils andere Gruppe tritt akkustisch hervor: ein crescendo/decrescendo. Das Dunkel steht symbolisch für die verbotene, heimliche Handlung, die ja in die Beischlafszene zwischen Faust und Margarete einmündet und den Tod der Mutter zur Folge hat. Hier erhält Margarete als einzige Figur, wie teilweise noch Marthe, im Drama eine Biographie, die sie in gewisser Weise plastisch werden läßt.

Waren es am Anfang noch die Erdgeister, die himmlischen Heerscharen, Gottvater, die drei Erzengel und der Teufel – also insgesamt ein ungeheures, metaphysisches Aufgebot, das Faust und der Text bemühte und heraufzitierte so sind es nun durch die Erscheinung und den Einfluß Margaretes, die kleinen, alltäglichen Dinge der einfachen Existenz, die erzählt werden. Auf diese Weise wird das Drama immer näher an das Konkrete, Realistische und Detailtreue herangeführt und ändert damit wesentlich seine Richtung. Diese Richtungsänderung mutet auf den ersten Blick trivial, profan, wenn nicht gar bieder an. »(Margarete) Ja, unsre Wirtschaft ist nur klein, Und doch will sie versehen sein. Wir haben keine Magd; muß kochen, fegen, stricken Und nähn, und laufen früh und spat; Und meine Mutter ist in allen Stücken so akkurat! So akkurat!« (90)[27]

Gewinnt die Szene im Garten dadurch einen getreuen Anstrich (wohl gemerkt, wir haben es hier mit Gott, dem Teufel, Geistern, Doktoren, sprechenden Katzen und Hexen zu tun), so macht sie der folgende Diskurs zwischen Margarete und Faust noch wirklichkeitsgetreuer. Die erste Frage, die ein frisch verliebtes Paar sich stellt – und es gibt wohl kein Paar, das

---

[27] »so akkurat! So akkurat!«: Es ist die Frage, ob Margarete dieses Fremdwort (für penibel und ordentlich) nur aus inhaltlichen Gründen wiederholt, um ihrer Rede Nachdruck zu verleihen. Die Doppelung hat, wie oben beschrieben, echolalischen Charakter: Margarete wiederholt sich im Echo selbst. Genauso aber, so scheint es, ist es das Wort »akkurat«, das sie fasziniert und das in ihrer sonst schlichten und naiven Sprache eben als *fremdes* und *musikalisches* Wort heraussticht. Dieser »neue Ton« führt aus ihrer sonst alltäglichen Sprache heraus. Ähnliches gilt für das Wort »Inkommodiert«, welches kurz vorher fällt. (89)

... lose Poesie und gekappte Zunge 29

dies nicht tut – lautet: Wie fandest du mich, als du mich das erste Mal sahst?!

(Faust) Und du verzeihst die Freiheit, die ich nahm?
 Was sich die Frechheit unterfangen,
 Als du jüngst aus dem Dom gegangen?
(Margarete) Ich war bestürzt, mir war das nie geschehn;
 Es konnte niemand von mir Übels sagen. ...
 Allein gewiß, ich war recht bös auf mich,
 Daß ich auf Euch nicht böser werden konnte. (91/92)

Margarete spricht/springt, wenn auch wieder im Modus der Verneinung, erneut auf Faust an.[28] Wie vormals, wird sie prompt von ihm vereinnahmt, und Faust klinkt sich ein: »Süß Liebchen!« (91/92). Ist bis hierher jener Liebesdiskurs der Selbst- wie Fremdversicherung einigermaßen wirklichkeitsnah geführt und beide Personen voneinander als die gleichen identifiziert, so bricht Margarete diese homogene Ebene im folgenden auf beziehungsweise ab. Margarete greift nach einem Gänseblümchen, einer »Sternblume.«

(Faust) Süß Liebchen!
(Margarete) Laß einmal!
 (Sie pflückt eine Sternblume und zupft die Blätter ab, eins nach dem andern.)
(Faust) Was soll das? Einen Strauß?
(Margarete) Nein, es soll nur ein Spiel.
(Faust) Wie?
(Margarete) Geht! Ihr lacht mich aus. *(Sie rupft und murmelt.)*
(Faust) Was murmelst du?
(Margarete) *(halblaut)* Er liebt mich – liebt mich nicht.
(Faust) Du holdes Himmelsangesicht!
(Margarete) *(fährt fort).* Liebt mich – Nicht – Liebt mich – Nicht –
 (Das letzte Blatt ausrupfend, mit holder Freude.)
 Er liebt mich!
(Faust) Ja, mein Kind! Laß dieses Blumenwort
 Dir Götterausspruch sein. Er liebt dich! ...
(Margarete) Mich überläuft's! (92)

Indem Margarete den weiteren Fortgang ihrer Liaison dem bloßen Zufallsprinzip und der Natur überläßt, wird Faust seiner Rolle als Macho, Macher

---

[28] Zu dieser Tendenz der Selbstnegation passen weitere Redeweisen Margaretes: »(Margarete) Ich weiß zu gut, daß solch erfahrnen Mann *Mein arm Gespräch nicht unterhalten kann* ... Wie könnt Ihr sie (damit ist Gretchens Hand gemeint, K. B. J.) nur küssen? *Sie ist so garstig, ist so rauh!:* Allein Ihr habt der Freunde häufig, *Sie sind verständiger, als ich bin.*« (89-90, Hvhb. von mir, K. B. J.)

und Regisseur enthoben.[29] Hier spricht Margarete zum ersten Mal nicht mehr wie Faust, sondern – im Gegenteil – weist ihn zurück: »(Margarete) Laß einmal!«, und nimmt daraufhin die Situation sprich-wörtlich selbst in die Hände. Dieser »Machtwechsel« läßt Faust prompt stottern, ja sprachlos werden: »(Faust) Was soll das? ... Einen Strauß? ... Wie? ... Was murmelst du?« Hatten wir es bis hierher mit einer scheinbar identifizierten Margarete-Figur zu tun, so fällt diese jetzt massiv aus der Rolle und irritiert Faust.

Margarete »rupft und murmelt«, sie redet »halblaut«, so die Regieanweisungen des Textes. Dabei reißt sie die einzelnen Blütenblätter des Gänseblümchens, der »Sternblume«, heraus. Der abnehmende Stand der Blütenblätter erscheint als Indikator für die negative oder positive Gefühlslage Fausts.[30] Diese magische Beschwörung des Schicksals führt aus der bisherigen, sich nach dem bekannten Annäherungs-Schema stringent entwickelnden Liebesbeziehung heraus und eröffnet eine andere, naturhafte, dämonisch-unheimliche Perspektive.[31] In der am Ende des Faustdramas liegenden Szene »Nacht. Offen Feld« heißt es über die Hexen: »(Faust) Sie streuen und weihen.« (129). Über das Verb »streuen« – »sternere« (lat.) läßt sich diese Szene mit der die *Stern*blume rupfenden und halblaut murmelnden Margarete in Verbindung bringen. Margarete wird mit den streuenden und weihenden Urmüttern, Erinnyen, Furien oder Hexen kurzgeschlossen. Sie verläßt damit das bekannte und durch den Kosenamen Gret*chen* verniedlichte, harmlose Kindchenschema und wird selbst zur dämonischen Hexe, zum Zauberweib.

An dieser Stelle soll deshalb der breitgestreuten Bedeutung der »Sternblume« nachgegangen werden. Damit könnte die gestreute Wirkung der unzähligen kleinen, weißen Gänseblümchen auf einer Wiese gemeint sein, welche, in den Kosmos projiziert, an einen Sternenhimmel erinnert und damit die kosmische Dimension in den Text hineinholt. Gleichzeitig wirkt die Gänseblume durch ihren gelben Kelch und die um ihn drapierten weißen, lanzettförmigen Blütenblätter selbst wie ein Sonnensystem mit Sternen. Schon der Name »Sternblume« erhöht die Bedeutung dieser an sich sehr gewöhnlichen Blume. Ferner spielt die Sternblume auf die Margerite,

---

[29] Die gängige Annahme ist, daß Mephisto die Beziehung von Gretchen und Faust eingefädelt hat. Meine Überlegungen sehen Margarete und Mephisto als Kontrahenten an. In beiden Figuren wird jeweils ein anderes, kontrastierendes Moment in Faust sichtbar und sinnfällig. Faust drängt über das Können und Wollen Mephistos *hinaus* auf die Begegnung mit Gretchen und wird von mir als der Hauptinitiator angesehen (Vgl. dazu die Szene: »Straße/Mephistopheles tritt auf«, 75).

[30] Es handelt sich dabei nicht um ein persönliches, origuläres Deutungsmuster, sondern um eine alte, allgemein bekannte Spruchweisheit.

[31] Diese ist hier allerdings noch verdeckt: »Nein, es soll nur ein Spiel.« (92)

eine etwas größere Art des gleichen, gezüchteten Blumentypus an und eröffnet jene oben im Titel bereits genannte Namensanalogie von: Sternblume = Margerite = Marthe = Margarete = Grete = Gretchen = Gretelchen = Margaretelchen. Die Unterschiede von Mensch/Sprache/Natur werden so *im Namen* nivelliert und führen Gretchen rück auf die Natur. Diese Naturalisierung Margaretes folgt der oben genannten These, daß es sich hier um eine neue, naturhafte Dimension handelt,[32] die mit dem die Margerite rupfenden Gretchen – ebenso wie mit den streuenden Hexen – in den Text hineingelassen wird. Die Sternblume wird so zum Sprach-Bild, zur Allegorie, der die Verstreuung und Dissemination (sternere/streuen) der Bedeutung »Margaretes« eingeschrieben ist.[33+34]

Wir betrachten das Zitat noch einmal genauer: Die Metamorphose, die Verfremdung Margaretes beginnt mit ihrer Zurückweisung Fausts: »Laß einmal!« Nun, so scheint es, ist *sie* am Zuge, die Situation zu »deuten«[35] und Faust zu verführen: »Sie pflückt eine Sternblume und zupft die Blätter ab, eins nach dem andern.« Fausts hilflose Frage: »Was soll das? Einen Strauß?«, beantwortet sie erst ausweichend und beschwichtigend: »Nein, es soll nur ein Spiel.« Trotz ihrer Beschwichtigung steigert sich der von Faust gleich bemerkte, unheimliche Eindruck, den Margarete auf ihn ausübt:»*(Sie rupft und murmelt.)* (Faust) Was murmelst du? (Margarete) *(halblaut)* Er liebt mich – liebt mich nicht ...« Gestus und Klang von Margaretes Rede verändern sich, die Artikulation verschleift, sie redet nur noch »halblaut«, statt – wie vorher – laut und deutlich. »Rupfen« und »Murmeln« treten an die Stelle von »Zupfen« und »Sprechen«. Ihr halblautes »Murmeln« verläuft parallel dem »Rupfen«[36] der Blütenblätter.

---

[32] Der Naturbegriff folgt den Ausführungen Max Horkheimers und Th. W. Adornos in ihrem Aufsatz: Begriff der Aufklärung, in: Dialektik der Aufklärung. Philosophische Fragmente, Frankfurt am Main 1971, Seiten 7-42, besonders ab Seite 31 ff.

[33] Zur Bedeutung des Namens siehe auch: Faust Kommentare, hrsg. von Albrecht Schöne, Seite 191.

[34] Eine anders gewendete Interpretation des »Blumenorakels« versucht Sibylle Benninghoff-Lühl, in: »Figuren des Zitats«, Seite 349.

[35] In der Kerker-Szene wird die Frage nach der Deutung dann auch von Margarete laut gestellt: »Sie singen Lieder auf mich! Es ist bös von den Leuten! Ein altes Märchen endigt so, Wer heißt sie´s deuten?« (130-131)

[36] Dem Wort »rupfen« haftet ein weit heftigerer, unwirscher, unzivilisierter und gewaltiger Aspekt an als dem ähnlichen Wort »zupfen«. So rupfen zum Beispiel Tiere die Pflanzen zwecks Nahrungsaufnahme aus. Mit rupfen assoziiert man deshalb den stumpfen, dumpfen und satten Klang von ruckartig ausgerupften Gräsern oder Blättern. Das Wort zupfen dagegen ist wesentlich »stiller«, feiner und friedlicher und steht am Anfang der Beschreibung von Margaretes Tun. Goethe nimmt hier also eine Steigerung des Vorgangs nur durch die kleine Veränderung von »z« zu »r« im Wort

Sprache und Handlung fallen ineins, Sprache ist kein Beschreibendes, sondern selbst ein Tun und eine beschwörende Handlung geworden. Im Murmeln spricht sie in sich hinein, sie ist blick- und adressatenlos, also selbstreferentiell geworden und damit – das ist der Punkt – kein Echo mehr von Faust.

Aber nicht nur der Rhythmus, der Klang und die Gestik von Margaretes Redeweise sind verändert und entstellt, sondern die gesamte Sprachorganisation, die Grammatik selbst wird aufgehoben. Das neue Organisationsprinzip ihrer Sprache kann mit Rhythmisierung, Automatisierung und/oder Takt umschrieben werden: »Er liebt mich – liebt mich nicht. ... *(fährt fort)* Liebt mich – Nicht – Liebt mich – Nicht –«. Bildet dabei der erste Satz: »Er liebt mich« noch einen vollständigen Satz der Reihe Subjekt-Prädikat-Objekt, so reduzieren sich die durch einen Bindestrich lose miteinander verbunden, parataktischen Satzeinheiten immer weiter. Im zweiten Satz schon fällt das Subjekt weg (»liebt mich nicht ...«), es steht nur noch das Prädikat in der dritten Person Singular da, einmal positiv, einmal negativ kommentiert.

Indem die Sprache Margaretes in ihre einzelnen Bausteine zerfällt, rhythmisiert sie sich, wird zum Takt und damit zum Grundsatz der Musik. Dabei werden die einzelnen Worte von Margarete nur noch verzerrt ausgestoßen und zum harten, gutturalen Laut: »Liebt mich – Nicht – «. Wieder läßt sich eine Analogie zu der Figur der Mignon aus »Wilhelm Meisters Lehrjahren« herstellen. Dort, im sogenannten Eiertanz, und damit auf der Ebene der Körpersprache, kann gleichfalls die zunehmende Rhythmisierung von Mignons Bewegungen bis hin zu einem vollständig entmenschlichten Automatismus verfolgt werden.[37] Ähnliches geschieht hier auf der Ebene der Verbalsprache für Margarete. Diese Tendenz zur Automatisierung geschieht nicht zuletzt durch die Regieanweisung »*fährt fort*«. Im letztmöglichen Ausdruck des »– Nicht –«, also am Übergang von artikulierter Sprache zum nicht-mehr-sprach-lichen Geräusch, erreicht diese

---

vor. Siehe auch das Wörterbuch der Gebrüder Grimm: das rupfen, »eine einmalige, ruckweise, reiszende bewegung, mnd., rop, besonders in schweizerischen dialekten, in der schriftsprache selten. ... « dann auch von »reiszenden schmerzen, wie bei der kolik«, auch »raufen«, In: Grimmsches Wörterbuch, Bd. 14, Seite 1527 ff.

37 Mignon »verband sich die Augen, gab ein Zeichen und fing zugleich mit der Musik, wie ein aufgezogenes Räderwerk ihre Bewegungen an, indem sie Takt und Melodie mit dem Schlage der Kastagnetten begleitete. ... Unaufhaltsam, wie ein Uhrwerk, lief sie ihren Weg, und die sonderbare Musik gab dem immer wieder von vorne anfangenden und losrauschenden Tanze bei jeder Wiederholung einen neuen Stoß. ...«, in: Johann Wolfgang Goethe, Wilhelm Meisters Lehrjahre, Reclam, Stuttgart 1982, Seite 116-117.

Entwicklung der Entpersonalisierung und Entsubjektivierung ihren Höhe- und Endpunkt. Hat sich die Sprache Margaretes dadurch formal von jeder logischen Aussage abgelöst, so konstituieren diese Sinnfetzen: »Liebt mich – Nicht – « paradoxerweise doch den richtigen Sinn. Faust liebt sie in der Tat nicht. Der Sprache und Sprachfähigkeit Margaretes wird damit ein dem Text übergeordnetes Bewußtsein zuteil, daß den Figuren und der Handlung voraus ist. Für Faust, um diesen Gedankengang abzuschließen, bedeutet dieses »– Nicht –« Margaretes seine gänzliche Auslöschung als Ich und Herr der Sprache (Margaretes). Im »– Nicht –« ist nun *er* vollständig entfernt und verneint.

Dieses Spiel um Leben und Tod, dieses russische Roulette, geht für Faust in dieser »Garten«-Szene zweischneidig aus. Das Happy-End war ihm bis zuletzt nicht sicher: »*(Das letzte Blatt ausrupfend, mit holder Freude.)* Er liebt mich! (Faust) Ja, mein Kind! Laß dieses Blumenwort Dir Götterausspruch sein. Er liebt dich! ... (Margarete) Mich überläuft's!« In dem letzten Satz versucht Faust, den Gesprächs- wie Handlungsverlauf wieder an sich zu reißen. Das Blumenwort wird nun von *ihm* vereinnahmt und in Anspruch genommen, die Natur wird nun von *ihm* gedeutet und zu *seinem* Medium, in dem *er* sich Margarete offenbart.[38]

Fausts Liebeserklärung erscheint unter diesem Blickwinkel obsolet, aufgesetzt und überstürzt. Hatte er doch gerade noch das Loch gefühlt/gefüllt, das sich hinter dem »– Nicht –« Margaretes auftat und drohte, ihn zu verschlingen. Die Liebe erscheint daher wie eine schnelle Lösung, eine Tinktur auf offener Wunde, von der sich Faust Heilung, eben (Los-)Lösung verspricht. Noch aber ist die höllische Situation nicht ausgestanden, noch klingt das dämonisch-naturhafte Element in Margaretes Schauer nach: »Mich überläuft's!« Von keinem Glücksschauer ist hier die Rede, der Margarete – nach Fausts Eingeständnis seiner Liebe – wohlig überläuft, sondern im Gegenteil mischt sich in diesem Schauer Menschliches und Nicht-Menschliches, Bekanntes und Unbekanntes, Fremdes und Vertrautes, die in Margarete zu einer Stimmung zusammenlaufen.[39]

So läßt sich folgendes festhalten: Das Bild der Margarete-Figur bricht in dieser »Garten«-Szene prismaartig auf und eröffnet den Blick auf eine/ihre ungeheure Vielfalt an Identitäten und heterogenen Persönlichkeitsentwürfen. So ist sie neben der Gläubigerin, der Mitleidenden, auch die Adelige – dieses

---

[38] Dennoch bleibt die Frage, um welches »...'s« es sich handelt; ist »es« die Sprache Fausts, die Margarete wiederum »überläuft« und überfährt?

[39] Zum Nicht-Identischen/Weiblichen, vgl.: Bettine Menke, Verstellt: Der Ort der »Frau« – Ein Nachwort, in: Dekonstruktiver Feminismus. Literaturwissenschaft in Amerika, hg. von Barbara Vinken, Frankfurt am Main 1992, Seiten 436 – 477.

Verwirrspiel wird durch das: »Mein Fräulein« mehrfach gespielt – und das einfache, von der Mutter ausgebeutete Mädchen. Ebenso ist sie eine Hexe und eine Art naturhaftes Zwischenwesen. Immer wieder gibt es in ihrer Rede verschiedene Rollen und Masken, die sich nicht vereinheitlichen lassen und das eine, scheinbar harmlose Gretchen-Konzept sprengen.

V. Mehr (Zwischen-) Raum: Der Ker-ker

Die Überlegung ist – gemäß der These oben –, daß in dem letzten Aufzug »Kerker« nun all diese Muster und Versatzstücke von divergierenden Persönlichkeitsentwürfen Margaretes als *rhetorische* entlarvt werden. Dabei wird das in der aufgefächerten und diffusionierten Rede auseinanderfallende Ich Margaretes hier nur noch durch die zeitliche Enge und räumliche Begrenztheit des Kerkers zusammengehalten und auf den einen Moment zusammengezogen – ohne, und das macht den sogenannten Wahnsinn aus, in einer einheitlichen Figur aufzugehen.[40] Ihr Rede-Spektrum, das von mythisch-märchenhaft bis zu einer genauen, fast hypertrophischen Wiedergabe der Wirklichkeit reicht, gilt es im folgenden genauer zu betrachten.

Der Kerker ist ein monadischer Raum. Er bedeutet totale Isolation, er ist ein Lebendig-Begrabensein, eine Durchgangsstation, ein Warteraum auf den Tod, eine Vorhölle.[41] Die Zeit der Begegnung zwischen Faust und Margarete beschränkt sich auf die tiefste, schwarze Nacht vor dem Morgengrauen, also von 24.00 Uhr bis ungefähr 4.00 Uhr in der Früh.[42] Mit der aufgehenden Sonne wurden die Delinquenten meist hingerichtet, sie sollten den folgenden Tag nicht mehr erleben. Wir haben es hier also in jeder Hinsicht mit einer Grenzsituation, einem psychischen und zeitlichen Dazwischen, einer zwischen Leben und Tod schwebenden Schwellen-

---

[40] Der berühmte Ausspruch Mephistos in der Hexenküche: »... Du (Faust, K. B. J.) sollst das Muster aller Frauen Nun bald leibhaftig vor dir sehn.« (74), gewinnt vor diesem Hintergrund einen doppelten Sinn: Nicht die Einzigartigkeit Margaretes ist bezeichnet, sondern – im Gegenteil – könnte gerade jene Pluralität Margaretes hervorgehoben sein. Die Betonung liegt dann auf dem Wörtchen *aller* und bedeutet Margaretes Konzeptlosigkeit und das Fehlen jeglicher *bestimmter* Vorlage.

[41] Der Kerker als Grab wird von Faust gleich eingangs in der Kerker-Szene thematisiert: »(Faust) *(mit einem Bund Schlüssel und einer Lampe, vor einem eisernen Türchen)* Mich faßt ein längst entwohnter Schauer, der Menschheit ganzer Jammer faßt mich an. Hier wohnt sie hinter dieser feuchten Mauer, Und ihr Verbrechen war ein guter Wahn.« (129)

[42] »Du holst mich schon um Mitternacht. ...Ist's morgen früh nicht zeitig genung?« (130)

situation zu tun, die sich in Margaretes Reden drängt und gestaltet. Dabei deutet das Wort »Kerker« selber noch auf eine andere Schwelle, eine Art Sprachschwelle hin: Die Doppelung im Wort Ker-ker eröffnet einen echolalischen Raum, der deshalb auch als Sprach-Raum begriffen werden kann. Die echolalische Konstruktion ist Indiz für eine Sprache diesseits des Lauts und jenseits des Sinns. Der Kerker war einst auch der Ausgangsort der Faust-Problematik, der Ort der Bücher und des Wissens. Faust hatte hier sein Wissen in Form der Bücher und Meßinstrumente beerdigt: »Weh! steck ich in dem Kerker noch? Verfluchtes dumpfes Mauerloch, Wo selbst das liebe Himmelslicht Trüb durch gemalte Scheiben bricht! Beschränkt von diesem Bücherhauf, Den Würmer nagen, Staub bedeckt, Den, bis ans hohe Gewölb hinauf, Ein angeraucht Papier umsteckt; Mit Gläsern, Büchsen rings umstellt, Mit Instrumenten vollgepfropft, Urväter Hausrat drein gestopft – Das ist deine Welt! das heißt eine Welt.« (14)[43]

Die Brüche innerhalb der Margareten-Figur sind auf die Ebene der Sprache verlagert und damit Margarete in ihrer rhetorisch-sprachlichen Qualität herausgestellt. In Margarete als sprachlichen Zwischenraum und Topos werden nun die von der herrschenden Logik der Vernunft abweichenden und abgeschotteten alten, mythisch-märchenhaften Redeweisen freigesetzt.[44] Dem Verdikt der Vernunft – wofür Fausts Drängen und rationaler Umgang mit der Situation steht, seine Linearität des Denkens, sein Wille zur Entscheidung –, werden diese scharf entgegengeschnitten und konterkarieren so das allgemein-verbindliche Sinnschema. Dem Flottieren des (Un-)Sinns in Form der kreisenden Redundanz von Margaretes Reden, ihrem Ausblenden der Realität steht Faust kontrapunktisch als bestimmt und bestimmend gegenüber:

(Faust)	Ich bin's! ...
	(fortstrebend). Komm mit! Komm mit!
(Margarete)	Du bist's! O sag es noch einmal! ...
	O weile!
	Weil ich doch so gern, wo du weilest. *(Liebkosend.)*
(Faust)	... Eile! – (131)
(Margarete)	Du gehst nun fort? O Heinrich, könnt ich mit!
(Faust)	Du kannst! So wolle nur! Die Tür steht offen.
(Margarete)	Ich darf nicht fort; für mich ist nichts zu hoffen. (133)

---

43 Für den Hinweis auf den Ker-Ker als »echolalischen Raum« danke ich Heike Brandstädter.
44 Die Kerker-Szene beginnt mit einem Märchen: »*(Es singt inwendig:)* Meine Mutter, die Hur, Die mich umgebracht hat! ...« (129-130). Wir kommen darauf zurück.

Ein Kulminationspunkt für die auseinanderdriftenden, nicht mehr in Einklang zu bringenden Reden Margaretes und Faust ist der folgende:

(Faust) Eile!
Wenn du nicht eilest,
Werden wir's teuer büßen müssen.
(Margarete) Wie? du kannst nicht mehr küssen? (131-132)

Durch dieses akkustische Mißverstehen verwandelt sich das Hilfsverb und die kalte Befehlsform »müssen« in das warme, sinnlich-elementare »küssen«. Werden diese abrupten Ebenenwechsel vorschnell dem Wahn- und Unsinn Margaretes zugeschrieben,[45] verbirgt sich bei genauerer Betrachtung dahinter eine wesentliche Kritik, die erstens das logisch-lineare Gesetz der Rede Faust freilegt, um es dann zu konterkarieren und aufzulösen. In anderen Worten: Man könnte von einer Poetisierung, Erotisierung und/oder Stillstellung der Sprache Fausts im Modus Margaretes sprechen. An die Stelle von Reden tritt Schweigen; im Kuß bleibt die Zeit vergessen.

Trotz des Reimes von »müssen« und »küssen« und der dadurch hergestellten Korrespondenz der beiden Sätze und Personen, trennt die beiden Sprecher ein unüberwindlicher Abgrund – *die Zeit!* Margarete scheint – entgegen Faust – von einer anderen, rückwärtsgewandten, angehaltenen oder auch blockierten Zeit her in die Gegenwart hinein bzw. aus ihr heraus zu sprechen. Die Vergangenheit erscheint als Traum und Trauma, welche – von Margarete permanent wiederholt – ihren Reden einen traumatischen Zug verleiht:

(Margarete) Du bist's! Kommst, mich zu retten!
Ich bin gerettet! –
Schon ist die Straße wieder da,
Auf der ich dich zum ersten Male sah. ...
(131, Hvhb. von mir, K. B. J.)

»Schon... «: Die Gegenwart stellt für sie die Demarkationslinie da. Weiter als bis zu diesem Augenblick – jetzt! – kann Margarete nicht denken, nicht sprechen. Ein Morgen, eine Zukunft, das heißt eine Kontinuität von Gestern und Heute gibt es in ihrem Denken nicht. Vorne liegt das Gestern, das durch keine sinngemäße Form der Sprache wiederhergestellt oder überwunden werden kann: »(Margarete) Dahinaus? (Faust) Ins Freie. (Margarete) Ist das Grab drauß, Lauert der Tod, so komm! Von hier ins ewige Ruhebett *und*

---

[45] Margaretes Wahrnehmung als »Wahnsinnige« wird durch Faust gleich am Anfang der Kerker-Szene vorbereitet: »Hier wohnt sie hinter dieser feuchten Mauer, Und ihr Verbrechen war ein guter Wahn!« (129)

... lose Poesie und gekappte Zunge 37

weiter keinen Schritt – Du gehst nun fort? O Heinrich, könnt ich mit!« (133, Hvhb. von mir, K. B. J.)

Faust und seine ausschließliche Fixierung auf das Morgen, die das Gestern und das Jetzt überspringt, kann diesen Zeitsprung, diese Verhakung und Dialektik im Denken Margaretes nicht nachvollziehen: »Nur einen Schritt, so bist du frei« (134). Indem er versucht, sein in der Linearität von Raum und Zeit geordnetes Denken auf Margarete zu übertragen, muß er notwendig scheitern. Daß sein eigenes Denken und Sprechen Margarete stets verpaßt und verpassen muß, wird immer wieder vorgeführt: »(Faust) Du kannst! So wolle nur! *die Tür steht offen.*« (133, Hvhb. von mir, K. B. J.)

Durch diese zeitliche und räumliche Entfernung wird Faust von Margarete nur noch schemenhaft-verzerrt wahrgenommen:[46] »(Faust) Gretchen! Gretchen! (Margarete) *(aufmerksam)* Das war des Freundes Stimme ... Mitten durchs Heulen und Klappern der Hölle, durch den grimmigen, teuflischen Hohn, Erkannt ich den süßen, den liebenden Ton.« (131) Margarete spricht in der Vergangenheitsform: »Das *war* des Freundes Stimme«, so als ob der Freund im Moment seines Erscheinens als Freund schon vergangen ist. Diese zeitliche und räumliche Distanz, die sich zwischen Faust und Margarete auftut und für ihr permanentes Mißverstehen sorgt, wird von Margarete in erster Linie physisch erfahren: »Mir ist's, als müßt ich mich zu dir zwingen, Als stießest du mich von dir zurück; ... Fasse mich nicht so mörderisch an!« (133-134).[47]

---

[46] Dem Modus vom Verweilen, vom zeitlichen Stillstand, den Margarete hier einfordert, ist Faust kontrapunktisch entgegengesetzt. Das wissen wir schon durch den mit Mephisto verabredeten Pakt, der ja genau dieses Verweilen, d. h. die Erinnerung, das Eingedenken an Vergangenes und die Rückkehr in Faust ausschließt: »Werd ich zum Augenblicke sagen: Verweile doch! du bist so schön! Dann magst du mich in Fesseln schlagen, Dann will ich gern zugrunde gehn!« (48). Zur Ausdeutung der Wette zwischen Mephisto und Faust, welche ja das »Eilen« bzw. das »Weilen« zum Thema hat, vgl. auch die Analyse von Sibylle Benninghoff-Lühl, in: »Figuren des Zitats«, Seite 350 ff. »Kunst« ist mit Erinnerung kurzgeschlossen bzw. kohärent. Durch die Unmöglichkeit des Verweilens ist Faust ebenso das »Schöne« – der Genuß des Kunst- und Natur-schönen – versagt, d. h. der Zugriff auf die Kunst als nicht wissenschaftliche Form und ästhetische Deutungsmöglichkeit der Welt. Margarete, indem sie auf das Grundmotiv des Textes »Eilen-Weilen« rekurriert, kann in Fausts Gedankengang keinen Platz einnehmen und ist im Faust-Text notwendig zum Tode verurteilt.

[47] Auch am Anfang ihrer Begegnung faßt Faust Margarete an: »*(Sie macht sich los und ab)*.« Ohne weiter darauf eingehen zu können, geht es an diesen winzigen Stellen zweimal um Abstoßung und (Ab-)Wehr. Interessant ist auch die Parallele zu Wilhelm und Mignon. Auch Wilhelm greift nach der ihm erstmals erscheinenden Mignon,

Dieses Aneinander-Vorbei ihrer Reden steht dem totalen Einklang der Protagonisten am Anfang ihrer Begegnung gegenüber.[48] Der temporäre und flüchtige Eindruck Margaretes von einst (FAUST. MARGARETE *vorübergehend*) ist der Forderung nach *mehr* (Zwischen-)Raum, nach *mehr* Darstellung gewichen. Das Flüchtige, Flüchtende von einst ist es nun, das Faust in die Flucht schlägt und an den Rand manövriert: »(Faust) Du zauderst ... Du fürchtest, ... Werd ich den Jammer überstehen!, Du bringst mich um.« (129-132). Die Rollen von Faust und Margarete sind vertauscht.

V. 1 Texte und Zeiten: »Wer heißt sie 's deuten?«

Im folgenden gilt es, die Heterogenität der Zeiten, die verschiedenen Zeit- und Realitätsentwürfe in den Reden Margaretes herauszustellen. Erst so lassen sich die Perspektivwechsel, die Multiperspektivität innerhalb des Dargestellten erklären: Dreimal entwirft Margarete ihren eigenen Tod (4428-4440 / 4520-45353 / 4565-4574); dreimal den ihrer Mutter (4507-4517 / 4520-4530 / 4565-4574) und einmal den ihres Bruders (4520-4530).

(Margarete)	Ich will dir die Gräber beschreiben,
	Für die mußt du sorgen
	Gleich morgen;
	Der Mutter den besten Platz geben,
	Meinen Bruder sogleich daneben,
	Mich ein wenig bei Seit,
	Nur nicht gar zu weit!
	Und das Kleine mir an die rechte Brust.
	Niemand wird sonst bei mir liegen! – (132-133)

Indem sie hier alle zukünftigen Gräber auf einmal imaginiert liefert sie nicht nur eine Art geordnete und beruhigte Übersicht und Gesamtschau, sondern stellt das in allen anderen Tableaux mehr oder weniger bewegte und entfesselte Mordgeschehen still. Hier – in der Zukunft: Morgen – wird das in der Vergangenheit und Gegenwart unbeherrschbare Element des Terrors endlich befriedet und begradigt. Diese Zukunft aber ist eine tote, an der Margarete selbst nur noch als Leiche partizipiert und in der Faust allein die Rolle des Totengräbers erhält.

---

welche sich – ähnlich Margarete – von diesem »losmacht« und abgeht, wegspringt: »Mit einem scharfen, schwarzen Seitenblick sah sie ihn an, indem sie sich von ihm losmachte ... «.

[48] »(Faust) Mein schönes Fräulein, darf ich wagen, Meinen Arm und Geleit Ihr anzutragen? (Margarete) Bin weder Fräulein weder schön, Kann ungeleitet nach Hause gehn.«

... lose Poesie und gekappte Zunge

Auf dreierlei Weise schildert Margarete auch den Kindstod. Da in allen drei Versionen die Rolle des Mörders flottiert, entziehen sie sich der bestimmten Darstellung, der Festlegung des Täters und der Frage von Schuld und Sühne.

Version I:
(Margarete)   Laß mich nur erst das Kind noch tränken.
              Ich herzt es diese ganze Nacht;
              Sie nahmens mir's, um mich zu kränken,
              Und sagen nun, ich hätt es umgebracht.
              Und niemals werd ich wieder froh.
              Sie singen Lieder auf mich!
              Es ist bös von den Leuten!
              Ein altes Märchen endigt so,
              Wer heißt sie's deuten? (131)

Version II:
(Margarete)   Meine Mutter hab ich umgebracht,
              Mein Kind hab ich ertränkt.
              War es nicht dir und mir geschenkt?
              Dir auch. – ...
              Deine liebe Hand! – Ach, aber sie ist feucht!
              Wische sie ab! Wie mich deucht,
              Ist Blut dran.
              Ach Gott! was hast du getan!
              Stecke den Degen ein, ... (132)

Version III:
(Margarete)   Geschwind! Geschwind!
              Rette dein armes Kind!
              Fort! immer den Weg
              Am Bach hinauf,
              Über den Steg.
              In den Wald hinein, ,
              Links, wo die Planke steht,
              Im Teich.
              Faß es nur gleich!
              Es will sich heben,
              Es zappelt noch!
              Rette! rette! (133-134)

In keiner der genannten Einzelszenen gehen die Mord-Geschichten auf, mit keiner Szene kann entweder Margarete oder die anderen ausschließlich identifiziert werden. Alle Variationen stehen nebeneinander, keine Geschichte, keine Rolle, keine Figur ist zu autorisieren, keine zu verwerfen. Aus den verschiedenen Puzzleteilchen und Facetten erschließt sich kein

Ganzes, sondern es entsteht ein uneinheitliches, heterogenes Bild, in dem das eine kardinale Thema – der Tod: der Tod des Kindes, der Mutter, des Bruders, ihr eigener – beständig neu beschrieben und wiederholt wird. Dabei erweitert sich das Mord-Geschehen permanent und wird räumlich und zeitlich verschoben. Anstatt, wie die rationale Darstellungsweise es erforderte, klar abzugrenzen und genau zu bestimmen, bleibt die Frage nach der *einen wahren* Geschichte offen. Das monströse Ereignis: der Tod – ob oder wie und bei wem er sich ereignete – bleibt der (einen) Darstellung entzogen, bleibt unfaßbares, uneinholbares, nicht bewältigbares Geschehen. Er ist gleichbedeutend mit dem Abbruch von Raum und Zeit, also der Aufgabe der Kontinuität. Der »bedeutungsvolle« Satz Margaretes: ... »wer heißt sie's deuten?« (131) wird damit leitmotivisch für den gesamten Aufzug »Kerker« und richtet sich nicht zuletzt an die Sprecherin, den Leser, ja die Sprache selbst.[49]

Obwohl Margarete in ihren Reden permanent den Anschluß an die Gegenwart verfehlt, so erschafft sie sich doch eben qua Rede jene ersehnten Realitäten. Ihre Worte erzeugen den Sinn, der ihr selber abgeht. Oder anders herum gesagt: Es gibt kein reales Vorbild, dem Margarete »nachspricht«, sondern ihre Rede schafft sich selbst ihre eigene, suggestive Realität, geht der »Realität« voraus, entwirft sie und fällt mit ihr zusammen. Die Worte Margaretes werden so selbst Ereignis, werden mystisches Nu, durch die die Welten vor unseren und vor den Augen Fausts – im *Nu* – entstehen.

Diesem zirkulären, heterogenen Zeitenmodell, das Margarete in ihren Reden unter dem Topos des »O Weile!« verfolgt, steht kontrapunktisch Fausts »Eile!« gegenüber. Faust, selbst vergangenheitslos, beharrt allein auf die Zukunft: eine Zukunft, die sich vom vergangenen wie vom gegenwärtigen Geschehen vollständig abzukoppeln versucht und damit – ähnlich entkernt und nichtssagend wie schon sein Spiegelbild – leer und aussichtslos vor ihm dasteht. Wo Margarete in ihren Reden Erinnerung, Unverarbeitetes, Unbereitetes, Diffuses, Nicht-Verstehbares, allzu Notwendiges, tödlich Abwesendes eben als Erschütterung und *strukturelles*

---

[49] *Zeit* ist in dieser Kerker-Szene nicht nur durch die vorrationale, bildliche, poetisch-mythische Form der Verarbeitung anwesend. Gleichzeitig spannt sich das gesamte Thema der Szene zwischen Leben und Tod auf: Es geht um die Gleichzeitigkeit und das Ineinsfallen von Geburt, Leben und Tod und damit um die Aufhebung von sukzessiver, profaner Zeit schlechthin. Diese Zusammendrängung aller Zeiten auf einen Punkt schließt jede zeitliche und räumliche Linearität und Kontinuität aus und etabliert eine totale oder auch poetische Zeit – eben jene, die in Mythos und Märchen vorherrscht. Diese Totalität der Zeiten heraufzuholen und durchzuführen bzw. an diese heranzureichen, rekurriert auf ein altes Denk- und Schreibmodell.

Ereignis aufbewahrt – und die von Faust in dem »einen Schritt« (134) geforderte Verdrängung eben nicht vollziehen kann –, versucht Faust, dieses Chaos in seinem »Laß das Vergangne vergangen sein!« zu bannen. Nicht »Es« bringt ihn um, sondern Margarete » – *Du* bringst mich um. – «, das heißt nicht die Fakten, sondern allein das Aussprechen und das Wiederholen durch Margarete. Die Rhetorik ist das tödliche Prinzip für Faust: ihre Rede als die Sprache des verdrängten bösen Gewissens.

So läßt sich folgendes summieren: Inhaltlich erscheint weder bei Margarete geschweige denn bei Faust der Tod, das Nein oder das Nichts in der Sprache oder im Bewußtsein. Der Tod hat damit weder bei Margarete noch bei Faust eine inhaltliche Seite oder Gegenwart. Indem aber die Reden Margaretes den Tod umkreisen, ihn als strukturelles Ereignis aufbewahren und rhetorisch aufbereiten, gewinnt sie dennoch eine Form zurück, sich mit dem schlechthin Unfaßbaren auseinanderzusetzen und es erfahrbar zu machen. Daß diese Rhetorik auf eine vergangene poetische, nicht rationale Bewältigungsform: auf den Mythos, das Märchen, den Traumtext und die traumatische Rede rekurriert, sagt sie selbst: »(Margarete) Ein altes Märchen endigt so, Wer heißt sie's deuten?«

Erst so kann plausibel werden, warum ein Märchen – das Märchen »Vom Machandelboom« der Gebrüder Grimm – den Auftakt und Anfang ihrer verschiedenen Sprechakte bildet.[50] Nicht also die Ratio, die Vernunft werden hier in Anspruch genommen, sondern ein in sich streng geordneter Märchentext wird zur Meisterung des Augenblicks herangezogen. Das Märchen ist damit mehr als »es selbst«. Es stellt zugleich Schlüssel und Struktur von Margaretes Äußerungen dar. Auf dieses Schema rekurriert sie, in diesen poetisch fixierten Formen bewegt sich ihr bildliches Denken.

V. 2 Das andauernde Märchen – Margarete und Scheherazade

Die Kerker-Szene beginnt mit einem Märchen:[51/52] »*(Es singt inwendig)*« (129) Das Pronomen »*Es*« gibt keinen Sprecher an, und so kann es sich

---

[50] Vgl. dazu Hans Blumenbergs Auffassung von Poesie und Mythos, in: Hans Blumenberg, Wirklichkeitsbegriff und Wirkungspotential des Mythos, in: Terror und Spiel. Probleme der Mythenrezeption, hg. von Manfred Fuhrmann, München 1971, und: Hans Blumenberg, Anthropologische Annäherung an die Aktualität der Rhetorik, in: Hans Blumenberg, Wirklichkeiten in denen wir leben, Reclam, Stuttgart 1993, Seite 104 ff.

[51] Zur Verwandtschaft des Schreibens mit dem Tod in der arabischen Erzählung, siehe: Michel Foucault, Was ist ein Autor? (Vortrag vom 22. Februar 1969), in: Schriften zur Literatur, aus dem Französischen von Karin von Hofer und Anneliese Botond, ungekürzte Ausgabe, Frankfurt am Main 1988, Seiten 11-12.

dabei um Margarete oder nicht um Margarete handeln. *Es* wirkt wie aus dem Off in den Roman eingesprochen: »Meine Mutter, die Hur, Die mich umgebracht hat! Mein Vater, der Schelm, Der mich gessen hat! Mein Schwesterlein klein Hub auf die Bein, An einem kühlen Ort; Da ward ich ein schönes Waldvögelein; Fliege fort, fliege fort!« (129-130)

Die Geschichte, die Motive, die erzählt werden, haben zwar mit den einzelnen Figuren des Romans: Faust, Margarete, der kleinen Schwester Margaretes, ihrer Mutter etwas zu tun, gehen aber in keiner Figur wirklich auf. Daher wirkt das Märchen wie ein Implantat, das sich nur lose motivisch (strukturell) in die Gesamthandlung einordnet, ohne sich gänzlich mit einer Person zu verbinden. Keine andere Episode im Drama reicht an diese erzählte Radikalität des erinnerten, assoziierten Märchens: Die Mutter bringt das Kind um, der Vater ißt das tote Kind auf und die kleine Schwester sammelt die Gebeine der Toten ein und begräbt sie. Eigentlich eine Szenerie von ungebremster, archaisch-mythologischer Gewalt, ein Schauplatz des Schreckens schlechthin – der aber abgeflacht, verharmlost und verniedlicht wird durch die Liedform, den kindlich wirkenden Gesang des Textes.

In dem Märchen gibt es eine Art Erlösung, die durch die kleine Schwester bewirkt wird. Das »Fliege fort, fliege fort!« am Ende der letzten Strophe des Märchens liest sich wie eine hoffnungsfrohe Botschaft, dem Schrecken doch noch zu entrinnen und läßt sich mit der »Rettung« Margaretes von oben in Verbindung bringen.[53]

Obwohl also mehrere Motive aus dem Märchen in dem Drama wiederkehren, sprengt es in jeder Hinsicht den Rahmen des Textes und ragt darüber hinaus. Warum diese Urszene von Gewalt an den Anfang der Kerker-Szene gestellt wird, hat vielleicht folgenden Grund: Es gilt einen Ton anzuschlagen, eine Struktur zu etablieren, die von allem bisher Gesagten, von der Rationalität wegführt und sich davon absetzt. Einer neuen Qualität von Sprache wird hier der Weg geebnet. Erstens wird das Märchen zum Einfallstor, durch das diese »*inwendig*« verborgene, sirenisch *singende*, mythologische Stimme hervortritt und verlautbar wird. Zweitens gibt das Märchen den »Kern« ab, von dem aus alle anderen Geschichten Margaretes ausgehen und erzählt werden. Und so stellt das Märchen gleichzeitig

---

[52] Gemeint ist das wenig bekannte, weil nicht ins Hochdeutsche übersetzte Märchen »Vom Machandelboom« (Der Mandelbaum) der Gebrüder Grimm. Es beschreibt die Metamorphose und Wiederauferstehung eines getöteten Kindes in Form eine Vogels, der zum Ankläger seiner Stiefmutter und Mörderin wird.

[53] Siehe hierzu meine Anmerkung am Ende des Aufsatzes, daß die Rettung vorzüglich die Ordnung der Sprache selbst und nicht die Gretchens betrifft.

Anfang und Ende, Wurzel und Mitte der sämtlich folgenden Geschichten dar, die sich ihm als dessen Variationen subsumieren. Diese zirkuläre Schreibweise wird von hier aus in Bewegung gebracht.

So möchte ich am Ende meiner Untersuchung noch einem Sprachtableau Margaretes nachgehen, das durch seine sprachliche Radikalität und Verdichtung besonders heraussticht und in dem alle Tode zusammenfallen und bedeutet werden. Vorsichtig gesagt, stellt es »den Tod selbst dar«, denn in ihm wird der Tod Margaretes sprachlich vollzogen oder antizipiert:

(Margarete) Wären wir nur den Berg vorbei!
Da sitzt meine Mutter auf einem Stein,
Es faßt mich kalt beim Schopfe!
Da sitzt meine Mutter auf einem Stein
Und wackelt mit dem Kopfe;
Sie winkt nicht, sie nickt nicht, der Kopf ist ihr schwer,
Sie schlief so lange, sie wacht nicht mehr. (135)

Das archaische Bild, die Schreib- und Ausdrucksweise, die mytho-logisch-märchenhaften Versatzstücke rekurrieren auf eine mythologische und/oder märchenhafte Vorlage. Es scheint darum zu gehen, eine Sprachform zu gewinnen, die den Tod zum Gegenstand hat, die sich vom Leben in den Tod fortschreibt und eben nicht – wie Faust es tut – den Tod in der Rede verdrängt und kaschiert.

Der »Berg« kann hier als Klippe, als Schwelle zwischen Leben und Tod gelesen werden, die es zu überqueren gilt und die sprachlich bereits überquert wird. Die Wiederholung des Satzteils: »Da sitzt meine Mutter auf einem Stein, Es faßt mich kalt beim Schopfe! Da sitzt meine Mutter auf einem Stein Und wackelt mit dem Kopfe;« zeigt, daß Margarete hier gegen einen Widerstand, gegen das Unfaßbare – den Tod – anspricht. Dadurch wird der Tod quasi verschoben. Gleichzeitig bestimmt er den Modus und die Struktur ihrer echolalischen Rede.

»Es faßt mich kalt beim Schopfe!« ist dagegen eine sehr konkrete Beschreibung der Hinrichtungssituation: Der Henker packt den Kopf der vor dem Block Knieenden, auf deren Hals das Beil aufschlagen wird, um den Kopf vom Rumpf abzutrennen.

»Da sitzt meine Mutter auf einem Stein Und wackelt mit dem Kopfe«: Wieder gleitet das Bild ins Mythologische (Mutter/Hexe/Stein). Im entmenschlichten, mythologischen Bild des lose *wackelnden Kopfes der Mutter* ist der Fall des abgeschlagenen Kopfes selbst beschrieben beziehungsweise »aufgefangen«.

Der Hinrichtungstod der Delinquentin selbst findet seinen Nachhall in dem Satz: »Sie winkt nicht, sie nickt nicht, der Kopf ist ihr schwer, Sie schlief so lange, sie wacht nicht mehr.« Mit den letzten Zeilen, Zügen, im Modus der Verneinung (»nicht – nicht – nicht mehr«) ist der Tod »erreicht« und Margarete sprachlich hinübergehoben. Im Hin- und Herwandern- und wenden der Sprache, in diesem leeren sprachlichen Gleiten findet der Text seine negative Beschreibungsform für den letztlich undarstellbaren Tod. Und so klingt der Satz fast friedlich, in einem beruhigenden Bild aus: »der Kopf ist ihr schwer, Sie schlief so lange, sie wacht nicht mehr.« Margarete findet demnach schon vor ihrer offiziellen Rehabilitation durch die Stimme aus dem Off: »Stimme *(von oben)* ist gerettet!« (135) zu einer Art Frieden und Ruhe zurück.

Obwohl es sich also auf den ersten Blick um die Mord-Geschichte der Mutter Margaretes handelt, finden wir hier eine Verdichtung aller Tode sprachlich gestaltet wieder. Indem nun die Sprache so nahe wie möglich an das Unfaßbare, Unbegreifbare herangeführt wird, verändert sie sich, greift auf alte sprachliche Muster und Versatzstücke zurück, die sich einer rationalen Darstellungsweise entziehen, verweigern, um sie nicht zuletzt zu widerlegen. Eben diese Rück-Sprache und Anleihe an einen alten, überlebten mythologischen Sprachbestand, die stetige Deformation und zunehmende Infiltration der Sprache mit alten Elementen, ist auch Gegenstand der Kerker-Szene. Ist es am Anfang noch eine wiedererkennbare Märchenvorlage, so wendet Margarete diese Versatzstücke im Zuge ihrer Rede immer selbständiger und freier an, bis sie am Ende ihren »eigenen« Ton, ihre »eigene« Sprache gefunden hat, die sich diametral von der Fausts unterscheidet. Haben wir bis jetzt die These eben dieser Sprachbefreiung und Emanzipation der Sprache Margaretes von der Fausts verfolgt, muß hier eine Einschränkung gemacht werden: *Ist* Margarete »sie/es« selbst – ist »es« auch schon vorbei, tot und hinüber. Ein anderer Raum wird ihrer neuen sprachlichen Existenz nicht eingeräumt.

VI. Nur Echo nur Stein. Weiterführende Überlegungen

Folgender Zugriff auf die Sprache und Sprach-Gestalt Margaretes wurde geübt: Dem einförmigen Unisono ihrer geechoten, gestammelten und im Modus der Verneinung widerhallenden Sprache am Anfang ihres Auftritts, steht Margaretes Polyphonie und prismaartiges Auf- und Ausbrechen am Ende des Textverlaufs diametral gegenüber. In der Kerkerszene erfährt diese zunehmende Befreiung der Sprache Margaretes über das Sprach-Paradigma Fausts hinaus ihre radikalste Ausgestaltung und kann am ehesten mit der von Jacques Derrida bezeichneten »différance«[54] einer sich selbst sprechenden Sprache jenseits von Ich, Intention, Thesis und Vernunft in Verbindung gebracht werden. Dies meint eine vom »Phallogozentrismus« (Lacan) befreite, losgelöste und entfesselte Sprache, welche sich dem Verdikt des Logos entwunden hat.[55]

Ob Margarete am Ende zu einer sogenannten »weiblichen« Sprache zurückgefunden hat, wäre hier die falsche Frage. Spürbar aber werden die Entfremdung und Verblendung, die den Sprecher Faust selbst beherrschen, der sich im nur-logischen Diskurs um (sich selber) bringt. »Laß das Vergangene vergangen sein« – dieser Satz, der Fausts Denk- und Sprechweise wohl am deutlichsten kennzeichnet – ist nur in einer rein auf den Logos eingeschworenen, linearen Sprache der Vernunft möglich, die sich von ihren Wurzeln, Mythen, Urgründen und Erinnerungen radikal abgesetzt hat.[56] Doch wie dahinter zurückkommen? Wie in einer Sprache erinnern, der die Spaltung von Ich und Selbst *schon immer* im Herzen eingeschrieben ist? Die sich nur in der Dialektik eines verfehlten Zirkelschlusses konstituiert? So liest sich der Kerker – Todesbild, Un-Ort und letztmöglicher Grad von Sein – als Hörbild und schwarze Bühne, auf der man es ungehemmt »Hören und Reimen« hört und wo Margarete durch die Dunkelheit hindurch Erinnerung, Rückkehr, Ohnmacht, Tod und Untergang eines nicht mehr darstellbaren Selbst erprobt und ausspricht. Losgelöst vom metaphysischem Sinn, hat sie hier ein Bewußtsein über sich erlangt, das vorsichtig als ein »poetisches«, nicht mehr auf die Ratio hin beschränktes, bezeichnet werden kann – und damit hat sie Faust unterwandert und »hintergangen«. Sie wird, um den Gedankengang abzuschließen, mit der Textintentionalität, dem Textbewußtsein selbst kohärent und ist integraler Bestandteil und Ausführung der Poesie selbst – ebenso, wie die »aufrichtigen Poeten«, die änigmatischen Tiere aus der Hexenküche prophezeien:

---

54 Jacques Derrida, Sporen. Die Stile Nietzsches, in: Nietzsche aus Frankreich, hg. von Werner Hamacher, Frankfurt am Main 1986, Seite 129-169.
55 Jacques Derrida hinterfragt und unterläuft das System der klassischen, metaphysischen Zeichenstruktur. Das Zeichen wird als Spur enthüllt, das auf eine Ur-Schrift, eine Ur-Spur verweist. Dabei ist der Ursprung des einzelnen Zeichens die Spur und nicht mehr die Metaphysik. In Derridas Worten, der Ursprung ist die »différance«. Zur weiteren Lektüre: Jacques Derrida, Randgänge der Philosophie, hrsg. von Peter Engelmann, aus dem Franz. übers. von Gerhard Ahrens, Wien 1988.
56 Genau dies tut Derrida auch. Er gibt den Gedanken oder die Denkfigur des Ursprungs grundsätzlich zugunsten eines Denkens der Dissemination (Zerstreuung) auf. In: J. Derrida, Dissemination, hrsg. von Peter Engelmann, übers. v. Hans-Dieter Gondek, Wien 1995.

(Tiere) Wir hören und reimen –
Und wenn es uns glückt,
Und wenn es sich schickt,
So sind es Gedanken.

Das christliche Deutungsschema, das dem Schluß der Kerker-Szene unterlegt ist, hat im Hinblick auf das, was sich auf der Sprachebene vollzieht, folgende Funktion: Mit der Stimme von oben, aus dem Off (»Stimme *(von oben)*. Ist gerettet!«), bricht die bis an den Rand des realen Verstehens sowie der psychischen Belastbarkeit getriebene Szene abrupt ab. Die von Margarete gesprochene, gestammelte, rezitierte, gesungene, zur Selbstberuhigung gebetete und panische Sprache ist un-ordentlich, das Sinnverständnis aus den Fugen geraten. Ihre Sprache besteht aus mythischen, märchenhaften Fragmenten und Versatzstücken, ist redundant, immanent, hermetisch, visionär und damit selbst in die Irre geleitet. Das allgemeine Sinnverstehen ist gesprengt und in viele Bedeutungsstränge aufgebröselt und diese hängen lose und unverbunden in den Text-Raum. Der christlich-platonische Zugriff, der am Ende auf Margarete im »Ist gerettet« ausgeübt wird, führt nun jene überbordende Verwirrung und sinn-widerständige Sprachbewegung auf das allgemein verbindliche, metaphysische Deutungsschema zurück und setzt der Unordnung ihrer Sprache damit ein gewaltsames Ende.

Die Rettung betrifft demnach nicht Margarete, sondern die Ordnung der Sprache selbst. So wird, was auf den ersten Blick wie Margaretes Erlösung wirkt, zu einem negativen und gewaltvollen Geschehen, das Margarete zum zweiten und letzten Mal zum Verstummen bringt. Der durch sie entfesselten, in viele Bedeutungen freigesetzten Sprache wird ein definitives Ende gesetzt, über das der erste Teil von »Faust« nicht hinaus kommt. Am Ende nämlich scheitert dieser gewaltvolle Zugriff, der das christlich-platonische Deutungsschema absolut setzt und als allgemein verbindliche Lösung hinstellt, denn vorläufig gibt es nichts mehr zu sagen: Faust I ist »am Ende« und insgesamt verstummt! Der Kampf, der hier zwischen verschiedenen Sprachen, Sprechern und Sprachebenen ausgetragen wird, hat jeden Bedeutungsfluß erledigt.

Literatur

Ästhetik und Rhetorik, hg. von Karl Heinz Bohrer, Frankfurt/M. 1993.
Adorno,Theodor W./Max Horkheimer, Dialektik der Aufklärung. Philosophische Fragmente, 2. Auflage, Frankfurt/M. 1971.
Benninghoff-Lühl, Sibylle: »Figuren des Zitats«. Eine Untersuchung zur Funktionsweise übertragener Rede, Stuttgart/Weimar 1998.
Blumenberg, Hans: Wirklichkeiten in denen wir leben, Stuttgart 1993.
Bohrer, Karl-Heinz: Plötzlichkeit. Zum Augenblick des ästhetischen Scheins, Frankfurt/M. 1981.
Derrida: Jacques: Randgänge der Philosophie, hg. Von Peter Engelmann, aus dem Französischen übersetzt von Gerhard Ahrens, Wien 1988.
  Dissemination, hg. von Peter Engelmann, übersetzt von Hans-Dieter Gondek, Wien 1995.
  Die Sporen Nietzsche, in: Nietzsche aus Frankreich, hg. von Werner Hamacher, Frankfurt/M. 1986.
Deutsches Wörterbuch von Jacob und Wilhelm Grimm, fotomechanischer Nachdruck der Erstausgabe 1854, 33. Bde., München 1984.
Foucault, Michel: Schriften zur Literatur, aus dem Französischen übersetzt von Karin von Hofer und Anneliese Botond, ungekürzte Ausgabe, Frankfurt/M. 1988.
Freud, Sigmund: Vorlesungen zur Einführung in die Psychoanalyse, in: Studienausgabe, Bd. I, hg. von Alexander Mitscherlich, Angela Richardts und James Strachey, Frankfurt/M. 1989.
Goethe, Johann Wolfgang von: Faust. Der Tragödie erster Teil, neu durchgesehene Ausgabe, Stuttgart 1986.
  Wilhelm Meisters Lehrjahre, Stuttgart 1982.
Irigaray, Luce: Speculum. Spiegel des anderen Geschlechts, Frankfurt/M. 1980.
Konersmann, Ralf, Lebendige Spiegel, Die Metapher des Subjekts, Frankfurt/M. 1991.
Lacan, Jacques: Das Spiegelstadium als Bildner der Ichfunktion, in: Das Werk, in dt. Sprache hg. von Norbert Haas und Hans-Joachim Metzger, Weinheim/Berlin 1986.
  Das Seminar. Buch 11 (1964). Die vier Grundgebriffe der Psychoanalyse, hg. von Norbert Haas und Hans-Joachim Metzger, Weinheim/Berlin 1987.
Lavater, Johann Caspar: Physiognomische Fragmente zur Beförderung der Menschenkenntnis und Menschenliebe, Leipzig/Winterhur 1775-1778.
Linnée, Carl von, Systema Naturae (Deutsch). Des Ritters Carl von Linnées vollständiges Natursystem des Mineralreichs, nach der 12. lat. Ausgabe, übersetzt von Johann Friedrich Gmelin, Th. 1-4, Nürnberg 1777-85.
Menke, Bettine: Verstellt: Der Ort der »Frau«. Ein Nachwort, in: Dekonstruktiver Feminismus. Literaturwissenschaft in Amerika, hg. von Barbara Vinken, Frankfurt/M. 1992.
Ovid: Metamorphosen, in deutsche Prosa übertragen von Michael von Albert, München 1988.
Schöne, Albrecht: Emblematik und Drama des Barock, München 1968.
  Goethes Sämtliche Werke. Faust Kommentare, Bd. 7/2, Frankfurt/M. 1994.
Terror und Spiel. Probleme der Mythenrezeption, hg. von Manfred Fuhrmann, München 1971.
Zimmermann, Rolf Christian: Das Weltbild des jungen Goethe. Studien zur hermetischen Tradition des deutschen 18. Jahrhunderts. 2 Bde., München 1969-1979.

Ottilies Kopf-weh, Goethes Wahl-verwandtschaften.
Zur Auftrennung der sprachlichen Zeichen

von Heike Brandstädter

Die Geschichte darf als bekannt vorausgesetzt werden: Eduard und Ottilie verbindet eine Liebe, die auch als Wahlverwandtschaft bezeichnet worden ist. Auf diese Wahlverwandtschaft wird im Roman durch verschiedenste Motive und Zeichen aufmerksam gemacht: durch die Astern und Platanen, das Medaillon und die Kette, das Glas mit den Buchstaben E und O, die Ähnlichkeit der Handschrift, nicht zuletzt: das gegengleiche Kopfweh. Es gibt kaum eine Deutung, die in diesen Zeichen nicht das Verbindende, Komplementäre, Zusammengehörige, eben: die Paarigkeit der Liebenden erblickt. Hier dagegen soll das Trennende, Differente herausgearbeitet werden. Am Beispiel des Kopfwehs wird in minutiöser Handarbeit die Auftrennung eines Zeichens gezeigt.

Eduards rechtsseitiges und Ottilies linksseitiges Kopfweh bilden das vielleicht eindrücklichste Zeichen – nicht ihrer Liebe, sondern der Vorherbestimmtheit dieser Liebe. Eduard und Ottilie, so hat es den Anschein, sind wie füreinander bestimmt. Assoziativ hat man das Bild eines Körpers vor Augen, dessen rechte und linke Hälfte für sich allein nicht existenzfähig wäre. Die Topographie von rechts und links evoziert dabei die Vorstellung einer Komplementarität und – in bezug auf den Kopf – einer Kongenialität. Diese Vorstellung der komplementären Hälften, deren Ent-zweiung endlich überwunden scheint, nimmt eine Schlußszene des Romans wieder auf: »Dann waren es nicht zwei Menschen, es war nur Ein Mensch im bewußtlosen, vollkommenen Behagen, mit sich selbst zufrieden und mit der Welt.« (478)[1] Der eine Mensch, der ungeteilte Körper und auch das vollkommene Behagen in der Liebe könnten fast schon vergessen machen, daß das begleitende Zeichen – der Kopfschmerz – auch und vor allem *Schmerz* ist: Schmerz über eine Zerrissenheit, die die Liebe zu heilen verspricht. Das Insistieren des Romans auf den Begriff Kopfweh – nicht Kopfschmerz! – tritt als sprachlicher Wink noch hinzu. Soviel zum ersten

---

[1] Der Roman »Die Wahlverwandtschaften« wird zitiert nach: Goethes Werke. Hamburger Ausgabe in 14 Bänden, hrsg. von Erich Trunz, München 1989, 12. Auflage, Bd. VI (Sigle: HA). Die Seitenzahlen werden durch runde Klammern unmittelbar im Anschluß an die zitierte Stelle nachgewiesen.

Eindruck, zu der Oberfläche dieses Zeichens, die von Anfang an rissig ist, mit wunden Punkten gespickt. Ich werde das Kopfweh chronologisch, in der Reihenfolge seines Auftretens im Roman untersuchen.²

Niemand kann es wissen

Von Ottilies Kopfweh erfahren wir durch die Briefe der Vorsteherin aus dem Pensionat. Das Ringen um eine klare Aussage, eine Unsicherheit der Beschreibung und ein schwankender Ton kennzeichnen jene Passagen, die von Ottilie berichten. Die vielen Ungereimtheiten werden schließlich von einem »jedoch« relativiert: »Bei diesem allen kommt jedoch in Betrachtung, daß sie manchmal, wie ich erst spät erfahren habe, Kopfweh auf der linken Seite hat, das zwar vorübergeht, aber schmerzlich und bedeutend sein mag« (264). Als abschließende Bemerkung dessen, was seltsam oder unbegriffen bleibt, tritt das Kopfweh an die Stelle eines sicheren Grundes, einer kausalen Begründung. Die aufklärerische Sicht der Vorsteherin findet eine ratio-nale Erklärung im wortnahen Sinn: Sie reduziert das Kopfweh auf den Kopf – und übersieht damit das Weh. Ihre Erklärung aber ist nur eine von vielen und bleibt schon innerhalb der Briefe nicht unwidersprochen. Mit dem zweiten Brief nämlich wird Ottilies Kopfweh noch einmal, nun aus der Perspektive des Gehülfen geschildert. Im Anschluß an die schulischen Prüfungen hatte sich folgende Szene ereignet:

> Unsere gute Vorsteherin [...] konnte, nachdem die Herren sich entfernt hatten, ihren Unwillen nicht bergen und sagte zu Ottilien, die ganz ruhig, indem die anderen sich über ihre Preise freuten, am Fenster stand: »Aber sagen Sie mir, um's Himmels willen! wie kann man so dumm aussehen, wenn man es nicht ist?« Ottilie versetzte ganz gelassen: »Verzeihen Sie, liebe Mutter, ich habe gerade heute wieder mein Kopfweh, und ziemlich stark.« – »Das kann niemand wissen!« versetzte die sonst so teilnehmende Frau und kehrte sich verdrießlich um.
> Nun es ist wahr: niemand kann es wissen; denn Ottilie verändert das Gesicht nicht, und ich habe auch nicht gesehen, daß sie einmal die Hand nach dem Schlafe [d.i. die Schläfe, H.B.] zu bewegt hätte. (279)

Die Passage wird eingeleitet durch ein Deutungsmuster der Vorsteherin, das der zeitgenössischen Physiognomik folgt.³ Danach ist das Außen ein Spiegel des Innen: Das Äußere eines Menschen, sein Aussehen, scheint Aufschluß

---

2 Die folgende Lektüre ist die veränderte und erweiterte Fassung eines Abschnitts aus meiner Dissertation: Der Einfall des Bildes. Ottilie in den »Wahlverwandtschaften«. Universität Hamburg, Fachbereich Sprachwissenschaften, 1999.
3 Vgl. Johann Caspar Lavater: Physiognomische Fragmente. Zur Beförderung der Menschenkenntniß und Menschenliebe. Leipzig/Winterthur 1775-78.

über sein Inneres, die Seele und den Charakter, zu geben. Das Dumm-Aussehen, ohne es zu sein, führt diese Ausdruckslogik vor, um sie im selben Atemzug aber zurückzuweisen. Vom Innen Ottilies – von einem psychischen oder innerphysischen Grund – kann niemand wissen, weil es außen nicht repräsentiert wird. Diese Nicht-Repräsentation gilt auch für Ottilies Kopfweh. Unterstellt man eine Spaltung des Kopfwehs in einen inneren Grund und ein äußeres Anzeichen, so besagt das Ärgernis der Vorsteherin das Fehlen genau dieses Zeichens. Zwar erscheint ihr das Kopfweh als »bedeutend«, wobei aber dessen Bedeutung sichtlich fehlt.

Den Lesern ergeht es kaum anders. Auch sie kommen an Grund, Ursache und Sinn nicht wirklich heran. Die gesamte Textpassage nämlich ist so gearbeitet, daß die Bedeutung des Kopfwehs unklar und uneindeutig bleiben muß. Man machte es sich beispielsweise zu leicht, wollte man Ottilies Kopfweh allein aus den schulischen Prüfungen ableiten. Denn der Roman läßt vollkommen offen, ob das Versagen in den Prüfungen der Grund für das Kopfweh ist oder – im Gegenteil – das Kopfweh der Grund des Versagens in den Prüfungen.

Der Gehülfe ist vielleicht ein Stück näher an der Wahrheit, die freilich eine Enttäuschung birgt: »Nun es ist wahr: niemand kann es wissen.« Von Ottilies Kopfweh kann niemand wissen, weil es nicht *zu sehen* ist, durch kein Körper-Zeichen vermittelt wird: Ottilie verändert nicht das Gesicht, hatte es geheißen, sie bewegt nicht einmal die Hand zu der Schläfe. Damit fehlt nahezu alles, um dem Kopfweh habhaft zu werden: Es fehlt die Sichtbarkeit im Modus des Anzeichens, es fehlen Bedeutung und Grund – und damit fehlt auch die Deutung. Für die Leser wie für die Figuren des Romans bildet Ottilies Kopfweh damit ein Imaginäres. Ohne Gestalt, ohne Grund, ohne Bedeutung fordert es dazu heraus, durch Vorstellungen aufgefüllt zu werden. Diese imaginäre Auffüllung ist wie vom Roman beabsichtigt und wird an entscheidender Stelle mit einem Denkbild inauguriert. Nach dem Vorlesen der Briefe und kurz vor seiner Spekulation über das gegengleiche Kopfweh, heißt es von Eduard: »Eduard hatte diese Briefe vorgelesen, nicht ohne Lächeln und Kopfschütteln.« (280) Eduards Kopfschütteln bringt einerseits jenes Nicht-Wissen zum Ausdruck, das sich insgesamt um Ottilie rankt. Es regt aber auch die Vorstellung an, man müsse den Kopf wie einen Becher ausschütten, wie einen Beutel ausschütteln, bevor man ihn aufzufüllen gedenkt.[4]

---

[4] Vgl. die Etymologie von Kopf: lat. »cuppa«, engl. »cup« heißt Gefäß, Becher, Schale. In: Duden: Etymologie (1963), S. 359 f.

»Artige Gegenbilder«: Spiegelstadien

Im Anschluß an die Briefe beginnt Eduard zu spekulieren: sich auszumalen, wie das Zusammenleben zu viert zu gestalten sei, sich gestalten könnte. Dabei hält der Signifikant »rechts« in verschiedenen Bedeutungen und Nuancen dieses Wortes Einzug: Jetzt ist es der rechte Ort und die rechte Zeit, es ist recht zuvorkommend, und es betrifft die rechte Seite, die rechte Elle. Eduards Pläne und Visionen lauten wie folgt:

> »Es wird höchst nötig, daß ich zu dem Hauptmann auf den rechten Flügel hinüberziehe. Sowohl abends als morgens ist erst die rechte Zeit, zusammen zu arbeiten. Du erhältst dagegen für dich und Ottilien auf deiner Seite den schönsten Raum.«
> Charlotte ließ sichs gefallen, und Eduard schilderte ihre künftige Lebensart. Unter andern rief er aus: »Es ist doch recht zuvorkommend von der Nichte, ein wenig Kopfweh auf der linken Seite zu haben; ich habe es manchmal auf der rechten. Trifft es zusammen und wir sitzen gegeneinander, ich auf den rechten Ellenbogen, sie auf den linken gestützt und die Köpfe nach verschiedenen Seiten in die Hand gelegt, so muß das ein Paar artige Gegenbilder geben.« (280/81)

Die Gegenbilder, die Eduard sich hier ausmalt, sind vielleicht etwas zu artig: Sie wirken künstlich und konstruiert. Mindestens vier Mal muß er Luft holen für jenen umständlichen Satz, der die vielen Bedingungen seiner Bilder im Indikativ statt im Konjunktiv aufreiht. Und wieso überhaupt Bild*er*? Wieso dieser Plural, der auf keine bestimmte Zahl rückschließen läßt? Wieviele Bilder sind »ein Paar artige Gegenbilder«? Sind es zwei? Oder vier? Oder ist es *ein* Bild, das in sich zerrissen ist? Das nach verschiedenen Seiten auseinanderfällt, ganz so wie das Vorbild der Köpfe? Das Spiegelbild, um das es sich der Beschreibung nach zweifellos handelt, bricht hier unversehens in Splitter. Man tut deshalb gut daran, die Sprache, die diese Gegenbilder baut, unter die Lupe zu nehmen.

»Es ist doch recht zuvorkommend von der Nichte«: Schon vom Sinn her muß man sich an dieser Einleitung stören. Ottilies Kopfweh wird verharmlost, verniedlicht, ja es wird so getan, als sei das Kopfweh ihr besonderes Entgegenkommen an Eduard, besonders höflich von ihr: »zuvorkommend«. Ein Kopfschmerz ist jedoch alles andere als zuvorkommend – weshalb es gerade das Wort »zuvorkommend« ist, das hier sperrig im Weg steht. Das Wort »zuvorkommend« regt damit eine andere Lektüre an. Es scheint hier dem übertragenen Sinn – »höflich«, »nett« – zuvorzukommen und im wörtlichen Sinne zu stehen: im Sinne von »zuerst kommen«, »das Erste sein«. Eduards Spekulation zufolge wird Ottilies Kopfweh zuerst dagewesen sein. Dies wäre nicht weiter aufsehenerregend, wenn es nur um das Kopfweh in der Reihenfolge seines Auftretens bei den Figuren ginge oder auch um die Positionierung der Figuren im Roman. Ottilie wurde von Eduard schon einmal in die Position eines Ersten, einer Ur-Sache, eines Originals gerückt.[5] Umgekehrt wird Eduard am Schluß des Romans zum Nachahmer der verstorbenen Ottilie.[6] Was die Sache interessant macht, ist erst der Bezug des Kopfwehs auf die »Gegenbilder«, denn dies eröffnet eine allegorische Lektüre: Welches Bild kennzeichnet welche Position? Welche, wenn man den Terminus der Gegenbilder auf ihr mythologisches Grundmuster rückführt?

Mit dem Rechts und Links der Gegenbilder wird man zu Recht eine Spiegelszene assoziieren, vielleicht die Spiegelszene schlechthin, die im Mythos von Narziß gründet. Der Hinweis auf diese Vorlage ist nicht neu,[7] wenngleich aber zu fragen wäre, in welcher Weise der Roman den Mythos zitiert, welchem Aspekt er sich widmet. Hierfür scheint mir eine kurze Verständigung über Inhalt und Aussage des Mythos wichtig.

»Narcissus und Echo« in der Fassung von Ovid kann in bezug auf die Figuren drei Geschichten erzählen: die der schönen Nymphe Echo, die des hochmütigen Jünglings Narziß und die des unmöglichen Paares Narziß und Echo.[8] Das Schicksal der Nymphe Echo ist dabei ganz und gar an das Medium Sprache gebunden. Als Strafe für ihr ständiges Geschwätz verfügt die Göttin Juno, daß Echo künftig nicht mehr selber spräche, sondern nur noch das von anderen Gehörte wiederhole. Als nur Wiederholende begegnet sie Narziß. Sie verliebt sich in ihn, wird aber von ihm verschmäht. In übergroßer Enttäuschung verzehrt sich ihr Körper, der Rest wird zu Stein: Echo ist von nun an reine Stimmlichkeit, reiner Klang.

---

[5] Vgl. die Abschriften-Szene im 12. Kapitel des ersten Romanteils, wo es über Eduard heißt: »Er sah sie an, er besah die Abschrift. [...] Er sah Ottilien an und wieder auf die Blätter« (323/24). Durch die Anordnung von Mensch und Kopie wird Ottilie in die Position eines Ersten, eines Originals gerückt.

[6] Es handelt sich um Eduards Versuch, Ottiliens Entsagen nachzuahmen: »Ach!« sagte er einmal zu dem Major, der ihm wenig von der Seite kam, »was bin ich unglücklich, daß mein ganzes Bestreben nur immer eine Nachahmung, ein falsches Bemühen bleibt! [...] Ich muß ihr nach, auf diesem Wege nach; aber meine Natur hält mich zurück und mein Versprechen. Es ist eine schreckliche Aufgabe, das Unnachahmliche nachzuahmen. Ich fühle wohl, Bester, es gehört Genie zu allem, auch zum Märtyrertum.« (489/490)

[7] Waltraud Wiethölter: Legenden. Zur Mythologie von Goethes »Wahlverwandtschaften«. In: Deutsche Vierteljahrsschrift für Literaturwissenschaft und Geistesgeschichte 56, 1982, S. 1-64.

[8] In: Ovid: Metamorphosen. In deutsche Prosa übertragen von Michael von Albrecht. München 1988, 4. Auflage, S. 68-72.

Auch Narziß hat eine eigene Geschichte, die sich wiederum ganz im Medium des Bildes erschöpft. Der schöne und stolze Jüngling, von dem es heißt, daß kein Mann, kein Mädchen ihn rühren konnte, erblickt eines Tages sein eigenes Bild in einer klaren Quelle. Auf der Stelle verliebt er sich in dieses »Spiegelbild seiner Schönheit«[9] und verharrt vor ihm unbeweglich, »wie ein Standbild aus parischem Marmor«[10]. Erst als er erkennt, daß dieses Bild eine Täuschung, ein Trugbild ist, begreift er, daß sein Begehren unerfüllbar bleiben muß. Diese Erkenntnis läßt Narziß am Leben verzweifeln und ihn seinen Tod ins Auge fassen. Seine große Klage mündet in den Ausruf »Wehe!«, den die Nymphe Echo nachhallend wiederholt: Wehe. Im Tod verweht Narziß: verwandelt er sich in eine Blume, gelb mit weißen Blütenblättern – eine Narzisse.

Abb. 1: Caravaggio: »Narciso«

---

[9] Ebd., S. 70.
[10] Ebd.

Der Mythos von Narziß wird – wie diese Verkürzung des Titels schon nahelegt – häufig auf die Geschichte der Täuschung durch das Spiegelbild, auf die Verkennungsfunktion dieses Bildes zentriert. Diese Verkennung hat seither unzählige Male als Vorlage literarischer und künstlerischer Bearbeitungen gedient, was darauf hinweist, daß sich darin eine ontologische Struktur, eine anthropologische Größe artikuliert. Im Zuge der aufkommenden Humanwissenschaften des 19. Jahrhunderts wurde der Narcismus auch zum Gegenstand der pathologischen Psychologie.[11] Erst Sigmund Freuds Narzißmus-Begriff zielt auf ein Phänomen der »normalen« Entwicklung, nicht der pathologischen ab.[12] Im Anschluß an Freud arbeitet Jacques Lacan das sogenannte Spiegelstadium als Paradigma der Subjektkonstitution aus.[13] In der Dialektik von Bildgeber und Spiegelbild ist danach eine gegenläufige Bewegung wirksam: Der Mensch ist zwar Ursache für sein Spiegelbild – aber das Spiegelbild erzeugt erst das Subjekt.[14] Das Subjekt nämlich projeziere sich auf jenes Ideal-Bild hin, das der Spiegel ihm als schöner Schein, als verklärter und damit begehrenswerter Zustand zurückwirft - oder vor-wirft. Das Spiegelbild macht umgekehrt das Subjekt zu einem »Standbild« (Lacan), das nur nachahmen kann, wie es sein »möchte« oder sein

---

[11] Vgl. P. Näcke: Kritisches zum Kapitel der normalen und pathologischen Sexualität. In: Archiv der Psychiatrischen Nervenkrankheiten, 1899, Bd. 32.

[12] Vgl. Sigmund Freud: Zur Einführung des Narzißmus. In: Studienausgabe, Bd. III, hrsg. von Alexander Mitscherlich, Angela Richards und James Strachey. Frankfurt/M. [6]1989, S. 37-68. Freud hatte sich darin von Näcke und Ellis abgegrenzt. Ebd., S. 41.

[13] Zum folgenden vgl.: Jacques Lacan: Das Spiegelstadium als Bildner der Ichfunktion. In: Schriften I. Weinheim, Berlin [3]1991, S. 61-70. - Eine grundsätzliche Bemerkung scheint mir durch die folgende Bezugnahme auf Lacan angebracht, die aber auch andere, in diesem Aufsatz gemachten Bezüge auf Theorien nach der Goethe-Zeit betrifft. Ich halte nichts von der v.a. in poststrukturalistischem Umfeld verbreiteten »avant-la-lettre«-Diagnose, wonach Goethe z.B. als Lacan avant-la-lettre gilt. Diese Diagnose verbietet sich m. E. aus theoretischen Gründen, wie sie umgekehrt keinen Erkenntnisgewinn darstellt. Gleichwohl kann man durchaus historisch jüngere Ergebnisse anführen, sofern sie diachrone Grundfragen auf den Punkt bringen. Nur dafür stehen meine eigenen Bezugnahmen – neben Lacan v.a. auf Freud – ein.

[14] »Subjekt« meint hier nicht den neuzeitlich-aufgeklärten Bürger, sondern allgemein den in die Sprache der gesellschaftlichen Normen und Rollen eingebundenen und durch sie gespaltenen Menschen. Zu den zwei grundlegenden Vorgängen des Spiegelstadiums – der Identifikation und der Antizipation – schreibt Lacan: »das *Spiegelstadium* ist ein Drama, dessen innere Spannung von der Unzulänglichkeit auf die Antizipation überspringt und für das an der lockenden Täuschung der räumlichen Identifikation festgehaltene Subjekt die Phantasmen ausheckt, die, ausgehend von einem zerstückelten Bild des Körpers, in einer Form enden, die wir in ihrer Ganzheit eine orthopädische nennen könnten [...]« A.a.O., S. 67.

sollte. Der logische und doch schwer zu denkende Schluß lautet deshalb: Das Bild geht dem Subjekt voraus – es wird zuerst dagewesen sein.

Damit kehre ich zu Eduards Gegenbildern zurück. Rechtsseitig und linksseitig, auf den rechten Arm und den linken Arm gestützt: Diese Artigkeit der Beschreibung verführt zur Vorstellung einer »wechselseitigen Selbstbespiegelung, einer des anderen Identität«[15] – und damit zu einer Figur der Geschlossenheit, die die Geschlechter in wechselseitiger Kompensation oder Komplementarität stillstellt. Diese Figur aber trägt im konkreten Fall selbst historische Züge. Die bespiegelnd-dichotomische Sicht auf die Geschlechter ist zwar nicht neu, wohl aber die Akzentuierung, die diese Sicht im letzten Drittel des 18. Jahrhunderts erfährt. Die Dichotomien zielen jetzt nicht mehr nur auf das Äußere, die Rechte, Pflichten und Einflußsphären von Mann und Frau ab, sondern werden als Charaktereigenschaften und Wesensmerkmale in das Innen des Menschen verlegt.[16] Das Kopfweh, das demonstrativ nach innen weist, bespiegelt damit ein nachaufklärerisches Konzept, das Mann und Frau in die Innerlichkeiten von rechts und links, Vernunft und Gefühl aufteilt. Als »artiges«, also kunstvoll konstruiertes Gegenbild aber kündet es zugleich von der Konstruiertheit dieses Konzepts: Es weist dieses selbst als einen Mythos aus. Sofern man in der Immanenz einer mythologischen Ganzheit verharrt, wird dieses Kritikpotential – das historische – ausgeblendet.

Es ist das sperrige Wort »zuvorkommend«, das eine andere Spur auslegt. Wenn Ottilies Kopfweh zuvor kommt, zuerst dagewesen sein wird, dann als jenes Spiegelbild, das dem Subjekt vorausgeht und auf das hin es sich entwirft: Die Spiegelanordnung zeigt zugleich eine Begehrensstruktur:

---

[15] Waltraud Wiethölter: Legenden, S. 8. Zur Gegengleichheit vgl. bes. den Abschnitt II: Narziß und Echo, S. 8-21. Man muß der Verfasserin aber zugute halten, daß sie in der gegengleichen Identität nur eine von mehreren Bearbeitungsstufen des Narziß-Mythos im Roman sieht. Ottilie ist nach Wiethölter gerade diejenige, die »den Sprung aus dem Kreis der Wiederholungen« vollzieht – allerdings durch ihr Schweigen, nicht durch die Bildlichkeit. Ebd., S. 14. Auch in jüngeren Arbeiten bleibt das Konzept vom Gegengleichen, hypostasiert in Narziß und Echo, unwidersprochen, z.B. bei Gabriele Brandstetter: Poetik der Kontingenz. Zu Goethes »Wahlverwandtschaften«. In: Jahrbuch der Deutschen Schiller-Gesellschaft 39, 1995, S. 130-145, hier S. 140 f.

[16] Nach Karin Hausen liegt diesem Wandel der ideengeschichtliche Übergang vom »ganzen Haus« zur bürgerlichen Familie zugrunde. Das Interesse an der Herausbildung von »Geschlechtscharakteren« hat sie als den Versuch interpretiert, »ein die Verhältnisse stabilisierendes neues Orientierungsmuster an die Stelle des veralteten zu setzen.« Vgl.: Karin Hausen: Die Polarisierung der »Geschlechtscharaktere«. Eine Spiegelung der Dissoziation von Erwerbs- und Familienleben. In: Werner Conze (Hg.): Sozialgeschichte der Familie in der Neuzeit Europas. Stuttgart 1976, S. 371. Für den Literaturhinweis danke ich Sabine Jaschke.

Eduards imaginäres Gegenüber birgt und entbirgt sein eigenes Spiegelbild, das ihn aber regiert, weil es ihn zum Begehrenden und deshalb zum Nachahmer macht.[17] Ottilie als Spiegelbild aber markiert jene andere, die sich nicht im Selben oder Gegengleichen erschöpft, sondern die es konstituiert.[18]

Nicht nur weist die Struktur des Spiegelbilds das Gleichwertig-Gegengleiche als einen Mythos aus. Auch der Roman selber erfüllt die spiegelbildliche Anordnung des Paares Eduard-Ottilie nicht. Es gibt eine einzige Szene, die dazu verführt hat, die Rede von den Gegenbildern für eingelöst zu halten:[19]

> Gewöhnlich saßen sie abends um einen kleinen Tisch auf hergebrachten Plätzen: Charlotte auf dem Sofa, Ottilie auf einem Sessel gegen ihr über, und die Männer nahmen die beiden anderen Seiten ein. Ottilie saß Eduarden zur Rechten, wohin er auch das Licht schob, wenn er las. Alsdann rückte sich Ottilie wohl näher, um ins Buch zu sehen [...], und Eduard gleichfalls rückte zu, um es ihr auf alle Weise bequem zu machen. (296)

---

[17] Auch wenn meine Lektüre an dieser Stelle zu einem Schluß gekommen ist, darf dennoch der romanimmanente Perspektivismus nicht vergessen werden: Mein Schluß beruht letztlich auf einer Aussage *Eduards*, und mit Recht ließe sich einwenden, daß Eduard vielleicht nur daherplappert oder sich irrt, wie so häufig in diesem Roman. Dazu wäre zweierlei zu sagen: 1.) Tatsächlich mutet der Satz mit dem Wort »zuvorkommend« wie dahergeplappert, wie eine Nachlässigkeit Eduards an – was aber im Sinne eines »Unbewußten« eher für jene Wahrheit sprechen würde, die in seiner Aussage steckt; 2.) Die überwiegende Anzahl der Aussagen im Roman steht nicht als ein Absolutes im Raum, sondern wird den Figuren in den Mund gelegt. Nahezu jede Aussage ist hier perspektivisch – und genau darin liegt eine der Größen des Romans.

[18] Ein Vergleich mit Spiegel-Szenen anderer Goethe-Dichtungen, insbesondere in den »Lehrjahren« und in »Faust I«, wäre – auch unter geschlechtsspezifischer Perspektive – höchst interessant, kann aber hier nur angerissen werden. In den »Lehrjahren« erwartet Wilhelm die Gräfin im Schlafrock ihres Gemahls, des Grafen, den man unterwegs glaubt. Der Graf kommt unvermutet zurück, betritt das Zimmer, in dem sich auch ein Spiegel befindet, und steht – durch diesen Spiegel vermittelt – seinem Doppelgänger gegenüber. Aus der Perspektive Wilhelms heißt es: »Er sah mich im Spiegel, so wie ich ihn«. Wilhelm kommt mit dem Schrecken davon; der Graf aber »fällt von der Zeit an in eine Melancholie«. HA VII, S. 189-191 und 348/49. - In »Faust I« geht das »Bild« eines schönen Mädchens, das Faust in einem »Zauberspiegel« erblickt, seiner Begegnung mit Margarete unmittelbar voraus. Dieses Spiegelbild kann in Bezug auf Faust als identitätsstiftend und figurenbildend verstanden werden. Für Margarete dagegen, als sie mit dem reichen Schmuck vor den Spiegel tritt, wird das Spiegelbild konstitutiv für die eigene Entzweiung. HA III, S. 78-84 und 90. Vgl. dazu die Deutungen von Katharina Braack-Jeorgakopulos und Lena Laux in diesem Band.

[19] Im Kommentar der Hamburger Ausgabe heißt es: »I, 8 sieht man Ottilie wirklich *zu Eduarden zur Rechten, wohin er auch das Licht schob, wenn er las*«. HA VI, S. 699.

Um Haaresbreite geht die Szene an den Gegenbildern vorbei. Nicht Eduard und Ottilie sitzen sich gegenüber, sondern Eduard und der Hauptmann, Charlotte und Ottilie. Nicht hat sich Eduard auf den rechten, Ottilie auf den linken Arm gestützt, sondern Eduard rückt etwas nach rechts, Ottilie etwas nach links. Weder Eduard noch Ottilie haben irgendwelche Anzeichen von Kopfweh, sondern sie strengen allenfalls ihren Kopf an, wenn sie lesen. Die leise, aber entscheidende Täuschung, die der Roman mit einem Bild betreibt, wird hier vielleicht erstmals offenkundig. Diese Täuschung ist umso gründlicher, als man hätte schwören können, das Paar Eduard-Ottilie, Eduard und Ottilie als Paar ganz genau »gesehen« zu haben. Wie funktioniert dieses »Sehen«?

Eduard und Ottilie werden vom Roman besonders angeleuchtet, wie von einem Scheinwerfer fokussiert. Wieder spielt das Wort »rechts« eine Rolle, das die Figuren scheinbar ins rechte Licht rückt: »Ottilie saß Eduarden zur Rechten, wohin er auch das Licht schob, wenn er las«. Das Licht scheint die Spiegelachse, die sich zwischen beiden auftut, gleichsam zu fluten - und zugleich ist es dieses Licht, das das Sehen behindert. Damit tritt das Licht in seinem Doppel-Effekt hervor:[20] Scheinbar Indiz einer besonders guten Sichtbarkeit, kann es umgekehrt eine Täuschung bewirken. Daß das Licht hier nicht eingesetzt wird als Hilfe zum besseren Sehen, zu einer Klärung oder Aufklärung der Verhältnisse, sondern als etwas, das das Sehen verunmöglicht oder verstellt – als Schein oder Blendung –, ist ein Hinweis auf die täuschende Funktion auch anderer Bilder des Romans. Weil die Lichtmetaphorik seit der Aufklärung immer auch als gesellschaftlich-politischer Bezug gelesen werden kann, besagt diese Szene nicht weniger, als daß Aufklärung neue Dunkelheiten schafft.[21]

Natur / Zeichen. Über die Dissonanzen von Welt und Sprachwelt

Ottilies Kopfweh wird im Roman erst viel später in kausale Zusammenhänge gestellt und im Kontext verschiedener Naturphänomene erörtert. Die ent-

---

[20] Über die Thematik des Lichts deutet sich auch eine Konfrontation mit thematisch verwandten Schriften Goethes, vorrangig der »Farbenlehre« an, die das Licht nicht als konstitutives Element von Schein und Täuschung, vielmehr als Bedingung der Möglichkeiten für die Farben und das Sehen begreift. Vgl.: HA XIII, S. 314-536, bes. S. 315-316.

[21] Eine der zentralen Thesen der »Dialektik der Aufklärung« lautet, daß Aufklärung in Mythologie zurückschlägt. Vgl.: Max Horkheimer, Theodor W. Adorno: Dialektik der Aufklärung. Frankfurt/M. 1990, bes. die Vorrede, S. 1-7, und das Kapitel »Begriff der Aufklärung«, S. 8-49.

sprechenden Szenen ereignen sich allerdings nicht mit Eduard, sondern mit dem englischen Lord und dessen Begleiter.[22] Der Begleiter hatte sich darüber gewundert, daß Ottilie nicht den Fußweg am See, sondern immer den Kahn nimmt, um zu einer bestimmten Stelle am Ufer zu gelangen:

> »Wenn Sie mich nicht auslachen wollen,« versetzte sie freundlich, »so kann ich Ihnen darüber wohl einige Auskunft geben, obgleich selbst für mich dabei ein Geheimnis obwaltet. Ich habe jenen Nebenweg niemals betreten, ohne daß mich ein ganz eigener Schauer überfallen hätte, den ich sonst nirgends empfinde und den ich mir nicht zu erklären weiß. Ich vermeide daher lieber, mich einer solchen Empfindung auszusetzen, um so mehr, als sich gleich darauf ein Kopfweh an der linken Seite einstellt, woran ich sonst auch manchmal leide.« Wir landeten, Ottilie unterhielt sich mit Ihnen, und ich untersuchte indes die Stelle, die sie mir aus der Ferne deutlich angegeben hatte. Aber wie groß war meine Verwunderung, als ich eine sehr deutliche Spur von Steinkohlen entdeckte, die mich überzeugt, man würde bei einigem Nachgraben vielleicht ein ergiebiges Lager in der Tiefe finden. (443)

Es geht um die Zeichenhaftigkeit der Natur: in Form jener Frage, ob und wie die Sprache der Natur zu vernehmen sei. Natur scheint zwar zu »sprechen« – von sich zu künden, auf sich aufmerksam zu machen, sich anzuzeigen –, aber nicht zu allen Menschen gleichermaßen. Vielmehr bedarf es einer Empfänglichkeit des Menschen für Naturphänomene, hier für die der unbelebten Natur. Ottilie bildet in dieser Szene das Medium, das Natur vermittelt und anzuzeigen vermag: Die verborgene Natur zeigt sich in einem ihr Ähnlichen. Dieses Sich-Zeigen aber geht für den naturnahen Menschen nicht mit Wohlbefinden und auch nicht mit einem glücklichen Einssein in der Natur einher.[23] Es verursacht vielmehr psychisches Unwohlsein und physische Schmerzen: Von einem »ganz eigenen Schauer« war die Rede, dem gleich darauf das Kopfweh folgt. Natur befällt: überfällt den Menschen.

An Ottilies Kopfweh zeigt sich nicht zuletzt, daß die Sprache der Natur aufs Äußerste eingeschränkt ist. Weil dieses Kopfweh nicht zu wissen, nicht zu sehen ist, scheint Natur nur als nicht-sichtbare Erscheinung in Erscheinung zu treten. Diese Nicht-Sichtbarkeit, die Verborgenheit von Natur wird

---

[22] Allerdings ließe sich einwenden, daß der englische Lord und sein Begleiter einen Ersatz für Eduard darstellen. Die Abwesenheit Eduards wie die des Hauptmanns wird immer wieder neu gefüllt: Erst wird Eduard durch den Architekten ersetzt, später der Architekt durch den englischen Lord und seinen Begleiter, diese dann wieder durch Eduard und den Hauptmann. Vgl. die Selbstkommentierung des Romans zu Beginn des zweiten Teils (360).

[23] Dies ist ein völlig anderer Natur-Begriff als im »Werther« (vgl. den Brief vom 10. Mai), aber auch als in den »Lehrjahren«, wo Mignon die Verschiedenheit der Erscheinungsformen von Natur im sogen. »Italien-Lied« formuliert: HA VII, S. 145. Vgl. dazu auch den Aufsatz von Maike Czieschowitz in diesem Band.

im konkreten Fall durch die Angabe des Ortes unterstrichen: Das Steinkohlenlager, ein Naturschatz in der Tiefe der Erde, ist dem menschlichen Auge entzogen. Nicht das forschende Auge, sondern Ottilies Empfindung lokalisiert diese Natur. Naturerfahrung wäre danach nicht als Erfahrung oder Erkundung einer äußeren Natur, sondern nur als das Für-sich einer Körpererfahrung möglich.

Diese »Erscheinung« von Natur bildet einen scharfen Kontrast zur Naturlehre der chemischen Gleichnisrede, die ebenfalls die unbelebte Natur zum Gegenstand hatte. Natur hat hier nichts gemein mit jenem Versuchsbild einer vom Subjekt geordneten Bildlichkeit, wie der Hauptmann sie im Gleichnis versprochen hatte.[24] Natur ist vielmehr wie abgeschnitten vom Menschen und von der Einsichtnahme durch den Menschen. Ist diese Art Zur-Sprache-kommen der Natur ein Gleichnis dafür, wie der Mensch zur Sprache kommt? Das Zeichen, Ottilies Kopfweh, tritt in eine Differenz zu dem Phänomen, der Natur. Zwischen die Sache selbst und ihre Bezeichnung schiebt sich etwas Ungeordnet-Unartikuliertes mit Namen »Empfindung«, das – wie eine Schaltstellte – die Übersetzung der Sache in die Sprache leistet, aber auch den Rückgang auf die Sache verstellt.

Durch die zufällige Begebenheit am See ist der Begleiter des englischen Lords auf Ottilies Fähigkeit, Natur anzuzeigen, überhaupt erst aufmerksam geworden. Ob sich die Anwesenheit der verborgenen Natur noch einmal über den Körper zu zeigen vermag, ist Anlaß für sein Drängen, daß Charlotte und Ottilie die Pendelschwingungen – wie es in sprechender Weise heißt – »versuchen« (444).[25] Nicht nur die mehrmalige Bezeichnung als »Versuche« (444) bindet dabei zurück an das chemische Gleichnis. Ausdrücklich dienen diese Versuche auch dem Nachweis einer Verwandtschaft, weil sie »manche Bezüge und Verwandtschaften unorganischer Wesen untereinander, organischer gegen sie und abermals untereinander offenbaren würden, die uns gegenwärtig verborgen seien« (444). Der Körper stellt jetzt eine Art lebendes Versuchsbild vor.[26] Zunächst Charlotte:

---

[24] Das Versprechen des Hauptmanns im vierten Kapitel lautet: »Sobald unser chemisches Kabinett ankommt, wollen wir Sie verschiedene Versuche sehen lassen, die sehr unterhaltend sind und einen bessern Begriff geben als Worte, Namen und Kunstausdrücke.« (272/73)

[25] Beide Phänomene, das Fühlen von Gestein und das Fühlen von Metall, werden in der Literatur unter dem Stichwort »Mesmerismus« behandelt. Aspekte der zeitgenössischen Diskussion finden sich im Kommentar der Hamburger Ausgabe: HA VI, S. 722.

[26] Den Wissenstypus, dem diese Versuche folgen, könnte man mit Hartmut Böhme als der Natur gegenüber gewaltfrei und in Bezug auf den Menschen sinnenorientiert und leiborientiert bezeichnen. Vgl. den Abschnitt: Lebendige Natur. Wissenschaftskritik, Naturforschung und allegorische Hermetik bei Goethe. In: Hartmut Böhme: Natur

> Charlotte verstand sogleich, was vorging. »Ich habe manches von diesen Dingen gehört,« sagte sie, »aber niemals eine Wirkung gesehen. Da sie alles so hübsch bereit haben, lassen Sie mich versuchen, ob es mir nicht auch anschlägt.«
> Sie nahm den Faden in die Hand, und da es ihr Ernst war, hielt sie ihn stet und ohne Gemütsbewegung; allein auch nicht das mindeste Schwanken war zu bemerken. (444)

Charlotte versucht die Natur über den Verstand: Sie »verstand sogleich, was vorging«. Ihr »Ernst« zeugt von Aufmerksamkeit und Anstrengung, die in diesem Fall aber völlig unangebracht sind. Das krampfhafte Gerade-Halten des Fadens – »stet« – wirkt dem Einbruch einer anderen Kraft geradezu entgegen. Der Versuch schließlich, das Gemüt auszuschalten, also ohne seelische Empfindungen zu sein, scheint eher der Vernunft zuzuarbeiten als der Natur. Charlotte muß der Versuch mißlingen.

> Darauf ward Ottilie veranlaßt. Sie hielt den Pendel noch ruhiger, unbefangener, unbewußter über die unterliegenden Metalle. Aber in dem Augenblicke ward das Schwebende wie in einem entschiedenen Wirbel fortgerissen und drehte sich, je nachdem man die Unterlage wechselte, bald nach der einen, bald nach der andern Seite, jetzt in Kreisen, jetzt in Ellipsen, oder nahm seinen Schwung in graden Linien, wie es der Begleiter nur erwarten konnte, ja über alle seine Erwartung.
> Der Lord selbst stutzte einigermaßen, aber der andere konnte vor Lust und Begierde gar nicht enden und bat immer um Wiederholung und Vermannichfaltigung der Versuche. Ottilie war gefällig genug, sich in sein Verlangen zu finden, bis sie ihn zuletzt freundlich ersuchte, er möge sie entlassen, weil ihr Kopfweh sich wieder einstelle. Er, darüber verwundert, ja entzückt, versicherte ihr mit Enthusiasmus, daß er sie von diesem Übel völlig heilen wolle, wenn sie sich seiner Kurart anvertraue. (444/45)

Wieder bildet Ottilie das Medium, durch das Natur erscheint: Ottilie ist Mittlerin[27] oder Sprachrohr der Natur. Dabei besagt die Vermittlung, daß Natur gerade nicht in ursprünglicher Form begriffen werden kann, sondern in einen anderen Ausdruck übersetzt werden muß. Das Kopfweh bringt diese Vermittlung abrupt zuende: Es ist Indiz für das Übermaß der Versuche und bedeutet die Rückkehr zum spachlichen Ausdruck. Natur und Sprache sind

---

und Subjekt, Frankfurt/M. 1988, S. 145-178. – Allerdings ließe sich einwenden, daß hier die Sinnen- und Leiborientierung gerade dazu beitrage, *nicht* zu verstehen. Vgl. dazu die folgende Lektüre und die übernächste Anmerkung.

[27] Es sei darauf hingewiesen, daß Ottilie von der Forschung mehrmals als Mittel, als Mittlerin aufgefaßt wurde. Daß Ottilie in dieser Szene als Medium erscheint, veranlaßt Friedrich Nemec zum Beispiel zu der Schlußfolgerung, nicht Mittler, sondern Ottilie erfülle die Rolle einer Vermittlerin. Dies zeige sich in umgekehrter Weise auch an den Prüfungssituationen, wo es darum gehe, Wissen als »mittelbar« zu erweisen. Vgl.: Friedrich Nemec: Die Ökonomie der »Wahlverwandtschaften«, München 1973, S. 133-139.

hier radikal geschieden: Der Beginn des menschlichen Sprechens zeugt vom Ende der Sprache der Natur.

Wie eine gleichnishafte Antwort auf die Frage nach den Bedingungen der Möglichkeiten des Verstehens schließlich kann Ottilies eigener Umgang mit der Natur begriffen werden. Ottilie kann mit der Natur umgehen, indem sie die Natur umgeht: sie meidet. Ottilie »vermeidet« – so hatte es im Falle des Seewegs geheißen – den Grund ihrer Schmerzen, anstatt nach kausalaufklärerischem Denken den Dingen auf den Grund zu gehen: wissen zu wollen. Obwohl Ottilie der Natur nah ist, bleibt selbst für sie »ein Geheimnis«, das sie sich »nicht zu erklären weiß« – aber eben auch nicht einzuholen versucht. Wenn Ottilie trotz der erklärten Nähe zur Natur nicht zu deren Geheimnis vordringen kann oder will, dann läßt dies den paradoxen Schluß zu: Ottilie ist der Natur *zu nah*, um sie zu verstehen. Die Nähe zu einer Sache ist hier nicht Garant für das Verstehen, sondern umgekehrt: Nähe, Kongenialität und Einfühlung treten als die Größen hervor, die Wissen und Verstehen behindern, ja unmöglich machen.[28]

Der schwere Kopf

Die bisherige Lektüre hatte das gegengleiche Kopfweh dem Schein einer bloßen Symmetrie, einer Komplementarität oder Kompensation – gerade auch der der Geschlechter – entrückt. Die seltsame Reihung der Gegenbilder hatte gezeigt, daß Ottilies Kopfweh dem Eduards vorausliegt, daß sich Eduard auf das begehrte Bild hin entwirft. Der Umstand, daß dieses Begehren ausgerechnet vom Kopfweh, also von einem Schmerz geleitet wird, ist Indiz für jene Schmerzhaftigkeit, die mit der Spaltung des Subjekts einhergeht. Das Kopfweh als Indiz, als Mittler zwischen Eduard und Ottilie, als Phänomen, das eher Ottilie zugehörig und bei ihr zu lokalisieren ist, macht allerdings eine noch genauere Bestimmung nötig. Zweifellos wird das Kopfweh von beiden Figuren – Eduard und Ottilie – beklagt. Dennoch scheint die Frage berechtigt: Wer *hat* eigentlich Kopfweh, genauer: Wem ist das Wort »Kopfweh« zugehörig?

Daß Ottilies Kopfweh aus verschiedenen Perspektiven, von verschiedenen Personen bemerkt und geschildert wird, daß sie selber es mehrfach

---

[28] Etwa zeitgleich mit der Entstehung des Romans beginnen die Vorlesungen Friedrich Schleiermachers (ca. 1805-1829) über die Hermeneutik. Im Gegensatz zu der o.g. Aussage des Romans bildet darin die »Divination« (also die Einfühlung in den anderen, das Erfühlen dessen, was ein anderer hat sagen wollen) ein zentrales Moment des Verstehens. Vgl.: F.D.E. Schleiermacher: Hermeneutik und Kritik. Hrsg. und eingeleitet von Manfred Frank. Frankfurt/M. [4]1990, S. 73-237.

beklagt, bedarf keines weiteren Nachweises. Ein Nachweis wird vielleicht erst da interessant, wo es um die genaue Bezeichnung des Kopfwehs *als Kopfweh*, also um das Wort »Kopfweh« geht. Ottilies Kopfweh wird immer als Kopfweh bezeichnet, will sagen: Es wird nie ein anderer Ausdruck, eine Umschreibung oder ein Pronomen für den Signifikanten »Kopfweh« gesetzt. Ich summiere einmal die entsprechenden Textstellen: Die Vorsteherin sagt, Ottilie habe »Kopfweh auf der linken Seite« (264); Ottilie sagt, sie habe »gerade heute wieder [ihr] Kopfweh« (279); Eduard findet es »recht zuvorkommend von der Nichte, ein wenig Kopfweh auf der linken Seite zu haben« (281); den Weg am See vermeidet Ottilie, weil sich dort »ein Kopfweh an der linken Seite einstellt« (443); die Pendelschwingungen bittet Ottilie abbrechen zu dürfen, weil »ihr Kopfweh sich wieder einstelle« (445); nur der Gehülfe macht eine gewisse Ausnahme, indem er ein Pronomen verwendet, allerdings in uneindeutigem Bezug: »Nun es ist wahr: niemand kann es wissen« (279).

Das Insistieren auf den Signifikanten »Kopfweh« ist nur dann erstaunlich, wenn man der Bezeichnung von Eduards Kopfweh genauer nachgeht. Sein Kopfweh kommt insgesamt zweimal zur Sprache: am Anfang und am Schluß des Romans, als Zukunftsvision und als Rückerinnerung an Ottilie, womit schon gesagt ist, daß Ottilie beide Male nicht – noch nicht oder nicht mehr – zugegen ist. Ich komme daher noch einmal auf Eduards erste Schilderung des Kopfwehs zurück und möchte diesmal die Aufmerksamkeit nur auf den Signifikanten »Kopfweh« lenken:

> [...] Eduard schilderte ihre künftige Lebensart. Unter andern rief er aus: »Es ist doch recht zuvorkommend von der Nichte, ein wenig *Kopfweh* auf der linken Seite zu haben; ich habe *es* manchmal auf der rechten. Trifft *es* zusammen und wir sitzen gegeneinander, ich auf den rechten Ellenbogen, sie auf den linken gestützt und die Köpfe nach verschiedenen Seiten in die Hand gelegt, so muß das ein Paar artige Gegenbilder geben.« (280/81) [Hervorhebungen von mir, H.B.]

Bei Ottilie war von »Kopfweh« die Rede, bei Eduard nur noch von »es«. Der Signifikant »Kopfweh« wird abgelöst durch ein Pronomen, das ihn ersetzt. Daß es sich nicht um einen Zufall handelt und auch nicht um einen Kunstgriff, den beispielsweise die Poetik oder der gute Stil gebieten, wird mit der Wiederholung des Pronomens unterstrichen: »Trifft es zusammen«. »Es« ersetzt das Phänomen, die eigentliche Bezeichnung, den imaginierten Zustand: Es wird zum Signifikanten eines Abgeleiteten, Uneigentlichen. Das Pronomen »es« bestätigt damit auf sprachlicher Seite, was der Mythos auf bildlicher Seite schon zeigte: Ottilies Kopfweh ist jenes Vor-Bild, aus dem Eduards sich ableitet oder auf das hin es sich projiziert.

Was bisher vielleicht als spekulativ, als vage oder gewagt erschien, macht die zweite Textstelle überdeutlich: daß sich im Modus des »es« ein Ersatz ankündigt. Wir befinden uns fast am Schluß des Romans. Ottilie hat bereits das Haus verlassen, als das Bild von den Gegenbildern noch einmal vor Eduards innerem Auge aufflackert. Jetzt ist es Mittler, der von Kopfweh spricht. Eduard dagegen spricht wieder und wieder von »es«:

> Als Mittler gekommen war, sich mit Eduarden über die Sache zu unterhalten, fand er ihn allein, den Kopf in die rechte Hand gelehnt, den Arm auf den Tisch gestemmt. Er schien sehr zu leiden. »Plagt Ihr *Kopfweh* Sie wieder?« fragte Mittler. »*Es* plagt mich,« versetzte jener; »und doch kann ich *es* nicht hassen, denn *es* erinnert mich an Ottilien. Vielleicht leidet auch sie jetzt, denk ich, auf ihren linken Arm gestützt, und leidet wohl mehr als ich. Und warum soll ich *es* nicht tragen wie sie? Diese Schmerzen sind mir heilsam, sind mir, ich kann beinah sagen, wünschenswert; denn nur mächtiger, deutlicher, lebhafter schwebt mir das Bild ihrer Geduld, von allen ihren übrigen Vorzügen begleitet, vor der Seele, nur im Leiden empfinden wir recht vollkommen alle die großen Eigenschaften, die nötig sind, um *es* zu ertragen.« (470/71) [Hervorhebungen von mir, H.B.]

Eduards Darbietung leidet an einer Schwere. Er hat den Kopf »gestemmt«, als würde dieser nicht schmerzen, sondern schwer wiegen. Er hat weniger das Kopfweh zu tragen, als buchstäblich den Kopf. Auf den Kopf ist auch sein kleiner Einwurf – »denk ich« – gerichtet: Er weist Eduards »Gegenbilder« als überlegendes Denken und geordnete Vorstellung: Reflexion, Spekulation, Imagination aus. Das Kopfweh scheint sich damit aufzutrennen in den Kopf und das Weh: in Eduards Kopf und Ottilies Weh. Aus dem Fehlen des Signifikanten »Kopfweh« in Eduards Redepassagen ist überdies zu vermuten, daß das Wort »*Kopfschmerz*« in seinem Fall angemessener wäre. Tatsächlich ist »Schmerzen« das Wort, das Eduard selber verwendet. Im Hinblick auf die Erinnerung an Ottilie hat er diese Schmerzen als »heilsam«, als »wünschenswert« bezeichnet: heilsam, weil sie das Getrennte zu heilen, ganz zu machen oder zu ergänzen, weil sie die Teilung zu überwinden versprechen – und Eduard sich dies wünscht.

Das Spiegelbild wird hier von Eduard ein letztes Mal beschworen: eine schöne Vorstellung, die nur mehr Erinnerung ist. In dem Maße, wie das Spiegelbild sich verflüchtigt, kann ein anderes Bild heraufziehen. Die gesamte Textpassage nämlich ist durchzogen, ja zersetzt von einem Wortfeld, das sich um den Signifikanten »Schmerzen« gruppiert:[29] Mehrfach ist vom »Leiden« die Rede, von der Plage, die man zu »tragen«, ja zu »ertragen« hat. In dieser Häufung von Leid und Plage klingt der biblische

---

[29] Und ihn – vermittelt über das Pronomen »es« – auch ersetzt. Vgl. die Textstelle HA VI, S. 470/471.

Topos vom Leiden des Menschen an, das ihm stellvertretend für Christus und um seiner eigenen Erlösung auferlegt ist. Im Hintergrund der biblischen Anspielungen einerseits, der rechtsseitigen Kopfschmerzen andererseits erhebt sich die Figur des »Christus als Schmerzensmann« (Abb. 2), wie sie als Gegenstand der bildenden Kunst vielfach bearbeitet wurde. Die Rechtsseitigkeit wird jetzt entzifferbar als Ausdruck eines manifesten Schmerzes, einer bestimmbaren Ursache, eines bezeichenbaren Grundes.[30]

Abb. 2: Albrecht Dürer: »Christus als Schmerzensmann«

Wenden wir uns mit diesem Zwischenergebnis von Eduards Kopfschmerzen ab und dem Kopfweh Ottilies zu. Das Pochen des Romans auf das Wort »Kopfweh« akzentuiert, daß es mit einem Ersatz dieses Wortes oder auch mit einer Paraphrasierung – zum Beispiel als Migräne[31] – nicht sein Bewenden hat.

---

[30] In Dürers Gemälde »Christus als Schmerzensmann« (Abb. 2) wird der manifeste Schmerz insbesondere durch die Bluttropfen, die aus der Dornenkrone rinnen, zum Ausdruck gebracht; der Grund des Schmerzes liegt im Verrat. Vgl. auch die Bilder-Diskussion bei: Hartmut Böhme: Albrecht Dürer: Melencolia I. Im Labyrinth der Deutung. Frankfurt/M. 1989, S. 46 f.

[31] Zahlreiche Deutungen überspielen das Kopfweh, indem sie sich dem Phänomen bzw. Signifikat, nicht aber dem Wort bzw. Signifikanten zuwenden. Vgl. z.B. die Rückführung auf das Krankheitsbild der Migräne bei: Friedrich Nemec: Die Ökonomie der »Wahlverwandtschaften«, S. 134 und 139.

Damit rückt das Wörtchen »Weh« ins Zentrum der Lektüre. »Weh« ist eigentlich ein Klageruf, der einem Schmerz zum Ausdruck verhilft, indem er ihn als Klage artikuliert:[32] wehklagen, weh rufen oder weinen[33] sind Wortzeugen dieser Klage. Als Klagelaut markiert »weh«, »wehe« auf literarischer wie auf sprachlicher Ebene die Eckpunkte des menschlichen Daseins – Anfang und Ende, Geburt und Tod: »Wehe« lautet jene Klage von Narziß, die er im Angesicht des Todes ausruft und die die Nymphe Echo nachhallend wiederholt;[34] als eine der wenigen Substantivbildungen von »Wehe« weist das Wort »Geburtswehe/n« auf den Anfang des Lebens hin.[35] Das Weh als Klage über Anfang und Ende berührt damit ein Grundproblem des menschlichen Daseins: seine Endlichkeit. Es steht mit den Grundfragen des Menschen, mit den Fragen nach seinem Grund, in unlösbarer Verbindung: Wo komme ich her, wo gehe ich hin, wer bin ich? Im Zusammenhang mit dem Kopf aber mutet die Zusammensetzung »Kopfweh« wie eine Ironisierung dieser menschlichen Grundfragen an. Als ironische Bespiegelung einer unlösbaren Frage, die in der Zweiheit des Wortes Kopfweh selber ihren Niederschlag findet, entpuppt sich das Wort als Gedanken- und Sprachfigur des Oxymoron.[36] Im Wort Kopf-weh zeigt sich Sprache als Scharfsinnig-Dummes, als Bitter-Süßes: Der Kopf als Sitz des Denkens bildet den genauen Gegenpol zu einem dem Denken verschlossenen Weh. Kopf-weh ist gezeichnet von einer antinomischen Struktur – und darin ist es dem Wort »Wahl-verwandtschaft« verwandt.

---

führung auf das Krankheitsbild der Migräne bei: Friedrich Nemec: Die Ökonomie der »Wahlverwandtschaften«, S. 134 und 139.

[32] »Weh« ist seit frühester Zeit eine Interjektion. Im Ahd. wird das Wort auch als Adverb verwendet. Die Substantivierung geht ebenfalls auf das Ahd. zurück. Duden: Etymologie (1963) S. 756 f.

[33] Weinen: eigentlich »weh rufen«; ebd., S. 756 und 759.

[34] Im Mythos fallen Klang und Klage, die etymologisch nicht verwandt sind, interessanterweise zusammen. Zum Weh als Doppel von Klang und Klage sowie in seiner dreifachen Bedeutung von Schmerz, Atem und Geburt vgl. auch Marianne Schullers Nietzsche-Lektüre: Versuch zum Abschied. Darin den Abschnitt: Ab-Schied, S.84-86. In: Moderne. Verluste. Literarischer Prozess und Wissen. Basel, Frankfurt/M. 1997, S. 75-89.

[35] Zu »Geburtswehe/n« vgl. auch die Ableitungen: Wehschmerz = Geburtsschmerz, Wehmutter = Hebamme. In: Duden: Rechtschreibung (1986), S. 757, und Duden: Etymologie (1963), S. 756.

[36] Oxymoron, griech.: das Scharf(sinnig)-Dumme. Das Oxymoron als paradoxe Verbindung eines Substantivs mit einem Adjektiv kann als contradictio in adjecto spezifiziert werden. Vgl.: Wolfram Groddeck: Reden über Rhetorik. Für eine Stilistik des Lesens. Basel, Frankfurt/M. 1995, S. 196. Kopf-weh kann durchaus als eine solche paradoxe Wortverbindung begriffen werden, da das Wort »weh« seit dem 18. Jh. auch adjektivisch gebraucht wird. Duden: Etymologie (1963), S. 756 f.

Exkurs: Die Wahl-verwandtschaften

Die vielfältigen Bezüge zwischen Kopfweh und Wahlverwandtschaft, vielleicht auch die morphologische Ähnlichkeit der Wörter »Kopf-weh« und »Wahl-verwandtschaft« lassen einen Moment lang innehalten, um den Titel des Romans genauer zu betrachten. Es ist vielfach bemerkt worden, daß das Wort »Wahlverwandtschaften« eine antinomische Struktur besitzt. Wahlverwandtschaft vereinigt in einem Begriff, was fürs Denken gerade nicht zusammengeht: die *Wahl* als eine am freien Willen orientierte Handlung und die *Verwandtschaft* als eine Weise der Naturgegebenheit.[37] Der aporetische Zug dieses Wortes ist also gewichtig. Gleichwohl hat man immer wieder versucht, diesen Zug zu überspringen, die Entzweiung zusammenzudenken. Wahlverwandtschaften, so ist oftmals eingewendet worden, bedeute »eigentlich« Liebe – und genau darum gehe es ja in diesem Roman. Mit dem Hinweis auf die »eigentliche« Bedeutung wird das Wort »Wahlverwandtschaften« zur Metapher erklärt. Folgt man der am meisten verbreiteten Metapherntheorie, der Substitutionstheorie, so ist Metapher das, was das »eigentlich« Gemeinte, das »ursprüngliche« Wort ersetzt. Wahlverwandtschaften wäre danach jenes »uneigentliche« Wort, das das »eigentliche« – »Liebe« – ersetzt. Nach dieser Lesart aber, die das Unbekannte auf etwas Bekanntes zurückführt, wird das sperrige Wort nur geglättet: geht das Zwittrig-Uneindeutige des Wortes verloren.

Das Aporetische, der Kunstcharakter des Wortes, die wortimmanente Widersprüchlichkeit sind aber gewichtig. Dieser Widersprüchlichkeit ist es schließlich geschuldet, daß man sich von dem Wort schwerlich ein Bild machen kann. Als in sich gespaltenes muß das Wort »Wahlverwandtschaften« einer eindeutig-konkreten Vorstellung entbehren. Weil die Vorstellung ins Leere läuft, könnte man Zuflucht nehmen bei den Einzelwörtern »Wahl« und »Verwandtschaft«. Hier aber zeichnet sich der umgekehrte Vorgang ab: Weil es sich um Abstrakta handelt, die in unendlich vielen Kontexten denkbar wären, können beide Wörter unendlich viele Vorstellungen erzeugen. Diese Gegenläufigkeit der Bedeutungsproduktion

---

[37] Die Dichotomie von Wahl und Verwandtschaft wird zum Ausgangspunkt zahlreicher Deutungen unter dem Topos von »Natur und Freiheit«. Eine ausführliche Übersicht über die einzelnen Arbeiten vom Erscheinen des Romans bis in die heutige Zeit findet sich in der Einleitung von Monika Hielscher: Natur und Freiheit in Goethes »Die Wahlverwandtschaften«. Frankfurt/M., Bern, New York 1985. – Eine Aktualisierung dieses Deutungsmusters hat Gabriele Brandstetter unternommen. Vgl.: Poetik der Kontingenz. Zu Goethes »Wahlverwandtschaften«. In: Jahrbuch der Deutschen Schiller-Gesellschaft 39, 1995, S. 130-145. Der dort aufgezeigte Dualismus von Providenz und Kontingenz ist eine Variation des Dualismus von Natur und Freiheit.

stellt das Wort »Wahlverwandtschaften« – noch vor jeder Lektüre des Romans – gleichsam aus: den Bedeutungsüberschuß auf der einen Seite *und zugleich* die Mangelhaftigkeit der Bedeutungsstiftung auf der anderen Seite. In dieser Zweiheit aber ist ein Grundproblem des sprachlichen Zeichens selbst angespielt. Das sprachliche Zeichen – so hat vor allem die Linguistik Saussures zu denken gegeben[38] – ist differentieller Natur: Es »ist« das, was alle anderen Zeichen nicht sind. Weil das Signifikat Ergebnis der Differenz unendlich vieler Signifikanten ist, ist die Bedeutung eines Wortes über die ganze Signifikantenkette verstreut oder verteilt: ist Bedeutung immer im Überschuß vorhanden *und zugleich* niemals vollständig da oder präsent.

Der Umstand, daß differentielle Prozesse die Bedeutungsproduktion steuern, führt also zu einer Vervielfältigung des Sinns: Tier heißt Tier, weil es nicht Tief oder Mief oder mir heißt; Tier heißt auch Tier, weil es nicht Mensch oder Gott heißt. Die Bedeutung eines Wortes zu ergründen ist gleichbedeutend damit, Nähe und Entfernung, Ähnlichkeit und Unterschied zu allen Signifikaten und Signifikanten aus dem näheren und weiteren Umkreis dieses Wortes auszumessen, und das heißt: zu *allen* Signifikaten und Signifikanten. Und zugleich werden alle Signifikate und Signifikanten nie hinreichen, die Identität eines Wortes restlos zu bestimmen. Indem es zu sich hinführt, zieht ein sprachliches Zeichen uns von demselben fort zu Verwandtem und Fremdartigen herüber. Diese Eigenschaft des sprachlichen Zeichens fällt zusammen mit der Charakterisierung der Metapher, wie sie von Hegel vorgenommen wurde. Die Zerstreuung von Eindeutigkeit durch die Metapher liegt nach Hegel darin begründet, daß sie »Bilder erweckt und zueinanderstellt, welche nicht unmittelbar zur Sache und Bedeutung gehören und daher ebensosehr auch von derselben fort zu Verwandtem und Fremdartigem herüberziehen«[39]. Spricht das Wort Wahlverwandtschaft also auch in diesem Sinn von *Verwandtschaft*?

Nähe und Entfernung, Fremdes und Verwandtes, Wahl und Verwandtschaft: Diese Pole, die auf die Produktion von Sinn und Bedeutung selbst referieren, sind dem Wort »Wahlverwandtschaften« eingeschrieben. Wahlverwandtschaft besagt auch die Wahl und Verwandtschaft der *Wörter*. Als Plural offeriert das Wort auch die Möglichkeit, auf Geschichten, Inhalte oder Themen gelesen zu werden. Aber: Es will auch, es will nicht zuletzt von seinem Dasein als Wort, von seiner eigenen Figürlichkeit reden. Wahlver-

---

38 Vgl.: Ferdinand de Saussure: Grundfragen der Allgemeinen Sprachwissenschaft. Hrsg. von Charles Bally und Albert Sechehaye. Berlin 1967, 2. Aufl., darin bes.: Zweiter Teil, Kapitel V: Syntagmatische und assoziative Beziehungen, S. 147 f.

39 G.W.F. Hegel: Ästhetik I. In: Werke, Bd. 13, hrsg. von Eva Moldenhauer und Karl Markus Michel. Frankfurt/M. 1986, S. 523.

wandtschaften ist – wie an anderer Stelle sehr schön gesagt wurde – eine »Metapher für die Metapher«[40], eine Metapher der Metapher. Die erfolglose Suche nach dem »Eigentlichen« deutet zugleich die Nähe dieses Wortes zur rhetorischen Figur der Katachrese an. Das »ursprüngliche« Wort scheint zu fehlen: Die Katachrese ist ein Tropus, »für den es in der Sprache kein *Proprium* gibt«[41].

Kopf-weh: Trauer und Melancholie

Damit kehre ich zu Ottilies Kopfweh zurück. Neben der antinomischen Struktur des Wortes Kopf-weh, neben den menschlichen Grundfragen, die das Wörtchen Weh artikuliert, ist Ottilies Kopfweh noch durch eine andere Angabe bestimmt: durch die Ortsangabe »auf der linken Seite«. Als linksseitiges memoriert das Kopfweh jene Wehmut, die als traditionelle Melancholiker-Haltung[42] Eingang in Literatur und bildende Kunst gefunden hat.[43] Die bekannteste Abbildung, die selber mit einer Tradition der Melancholie-Darstellung bricht,[44] ist vielleicht Dürers Kupferstich »Melencolia I« (Abb. 3): das Bild einer Frau, die den Kopf auf den linken Arm stützt. Obgleich hier kein systematischer Nachweis geführt werden kann, der auch eher einer kunsthistorischen Untersuchung vorbehalten ist, läßt die Topographie von

---

[40] Thomas Fries: Die Reflexion der »Gleichnisrede« in Goethes »Wahlverwandtschaften«. In: dsb.: Die Wirklichkeit der Literatur. Drei Versuche zur literarischen Sprachkritik. Tübingen 1975, S. 90-130, hier S. 100.

[41] Wolfram Groddeck: Reden über Rhetorik, S. 259. Die rhetorische Figur der Katachrese – aus dem Griech.: Mißbrauch – spitzt die theoretische Problematik der Metapher zu: Sie ist nicht mehr nur Schmuck der Rede, sondern »ersetzt ein in der Sprache fehlendes Wort, sie wird als habitualisierte Metapher verwendet und gar nicht mehr als Tropus wahrgenommen.« Ebd.

[42] Auch Bernhard Buschendorf deutet das linksseitige Kopfweh als Zeichen der Melancholie. Ottilie sei die Repräsentantin der höchsten Stufe der Melancholie: der genialen, edlen oder heiligen Melancholie (melancholia religiosa oder divina). In: Bernhard Buschendorf: Goethes mythische Denkform. Zur Ikonographie der »Wahlverwandtschaften«. Frankfurt/M. 1986, bes. S. 140 f.

[43] Zahlreiche Text-Beispiele finden sich in dem Band von Roland Lambrecht: Melancholie. Vom Leiden an der Welt und den Schmerzen der Reflexion. Reinbek 1994. – So heißt es bei dem Philosophen François de Volney: »den Ellenbogen aufs Knie gestützt, den Kopf in die Hand gelegt, richtete ich bald meine Blicke auf die Wüste, bald heftete ich sie auf die Ruinen und versank in tiefe Träumerei.« Ebd., S. 122.

[44] Dieser Bruch kann an dem Ausdruck der Augen und der Art des Blicks festgemacht werden: als Wandel vom lidverhangenen, schläfrigen zu einem hochkonzentrierten, »überwachen« Blick (Panofsky). Vgl. dazu auch den Abschnitt: Augen und Blicke. In: Hartmut Böhme: Albrecht Dürer: Melencolia I, a.a.O.

rechts und links doch einen Schluß zu.⁴⁵ »Melencolia I« und »Christus als Schmerzensmann« können danach als paradigmatische Verbildlichungen von Ottilies Kopfweh einerseits und Eduards Kopfschmerz andererseits begriffen werden – und damit als zwei grundverschiedene, nicht aufeinander zu reduzierende Motive.⁴⁶

Abb. 3: Albrecht Dürer: »Melencolia I« (Ausschnitt)

---

⁴⁵ Meine eigene, nicht-systematische Untersuchung kam zu dem Ergebnis, daß die scharfe Trennung in rechts und links zwar häufig, aber nicht immer nachweisbar ist. Hartmut Böhme deutet sowohl die linksseitige wie die rechtsseitige Hand/Kopf-Geste auf den Bildern Dürers als Indiz der Melancholie, muß aber bei dem Selbstbildnis Dürers (Abb.5) zugestehen, daß Kopfwickel und Schmerzensausdruck doch für Kopfschmerzen sprächen. Weitere Beispiele bei: Hartmut Böhme: Albrecht Dürer: Melencolia I., S. 46 f. – Während Buschendorf nur das linksseitige Kopfweh als Ausdruck der Melancholie gelten läßt, finden sich gegenteilige Beispiele bei Helen Watanabe-O'Kelly: Melancholie und die melancholische Landschaft. Ein Beitrag zur Geistesgeschichte des 17. Jahrhunderts. Bern 1978.
⁴⁶ Genau diese Verschiedenheit entgeht Buschendorf, der allen Figuren gleichermaßen eine Disposition zu Melancholie und Saturnkindschaft nachzuweisen versucht. Vgl.: Buschendorf: Goethes mythische Denkform, bes. S. 66-201.

Die Rückführung auf Bildtraditionen soll nun nicht dazu dienen, die Phänomene im Bild stillzustellen, sondern den Zeichencharakter der Bilder für den Roman zu befragen. Der rechtsseitige Kopfschmerz ist Ausdruck für einen ganz bestimmten, manifesten und bezeichenbaren Grund: Diese These legten sowohl Beispiele aus der bildenden Kunst[47] als auch die näheren Begründungen im Roman nahe. Eduards Schmerzen waren nicht grundlos, sondern richteten sich auf die abwesende Geliebte.

In gewisser Weise grund-los dagegen schien das Kopfweh Ottilies: Den Figuren des Romans blieb seine Bedeutung rätselhaft oder aber sie »zeigte« sich im Modus jener Natur, die selber verborgen und deutungsresistent blieb. In bezug auf die Allegorien vom Schmerzensmann und der Melancholikerin könnte damit ein asymmetrisches Gegenbild aufziehen: Rechts sitzt der Schmerz, links die Melancholie, rechts ein handfester Grund, links eine Grundlosigkeit. Der durch die sprachliche Analyse hervorgekehrte Ersatz des Kopfwehs durch das Pronomen »es« tritt hinzu: In Eduards Kopfschmerz ist die Figur der Ersetzung eingeschrieben. Nimmt man alle vorgetragenen Aspekte zusammen, dann lassen die Gegenbilder eine kleine terminologische Drehung zu. Eduards Kopfschmerzen können als Ausdruck der *Trauer* verstanden werden, Ottilies Kopfweh ist Ausdruck der *Melancholie*.

Trauer und Melancholie sind einander benachbarte Phänomene. Die Differenz, der schmale Grat zwischen beiden, ist vielleicht erstmals von Sigmund Freud auf den Punkt gebracht worden.[48] Nach Freud beklagt die Trauer den Verlust von etwas Bekanntem, Melancholie dagegen beklagt einen unbekannten Verlust: Der Mensch ahnt, daß ihm etwas fehlt, aber er weiß nicht, was.[49] Während der Verlust des Bekannten – meist einer geliebten Person – die Trauerarbeit nach sich zieht, die der Ersetzung dieses

---

[47] Vgl. die rechtsseitige Hand/Kopf-Geste bei Dürer: »Christus als Schmerzensmann« (Abb.2) illustriert den Schmerz über einen Verrat, »Gedächtnissäule für den Bauernkrieg« (Abb.4) bezeugt Trauer über die Opfer des Krieges, »Selbstbildnis mit aufgestütztem Kopf« (Abb.5) weist durch den Kopfwickel auf einen manifesten Kopfschmerz hin. Daß Goethe das Dürersche Werk sehr gut kannte und selbst einige Stiche besaß, weist u.a. Buschendorf nach, in: Goethes mythische Denkform, S. 136 f.

[48] Sigmund Freud: Trauer und Melancholie. In: Studienausgabe, Bd. III., hrsg. von Alexander Mitscherlich, Angela Richards und James Strachey. Frankfurt/M. ^{6}1989, S. 193-212.

[49] Ebd., S. 197-201. Nach Freud gründet dieser unbekannte Verlust wesentlich im Ich-Verlust. Der Zug eines unbekannten und unsagbaren Verlustes, einer Ungreifbarkeit oder Unbegreifbarkeit gehört auch nach anderen Quellen zum Wesen der Melancholie und sogar zur Etymologie dieses Wortes. Vgl. dazu die Untersuchung von Roland Lambrecht: Melancholie, bes. S. 27 f.

Verlustes gilt, ist dies bei der Melancholie gar nicht möglich: Was nicht bekannt, gewußt oder zu verorten ist, läßt sich schwerlich ersetzen.

Mit der Anspielung auf die Melancholie hat der Roman ein Grundproblem des menschlichen Daseins artikuliert: ein Leiden an der Welt, das scheinbar ohne bezeichenbaren Grund ist. Die Melancholie als Ausdruck dieses Leidens gründet weder in den neuzeitlichen Humanwissenschaften noch in der mittelalterlichen Philosophie, sondern in der griechisch-antiken Mythologie.[50] Die Verbindung der Melancholie mit dem Planeten Saturn und die Identifizierung des Saturn mit den mythologischen Göttern Kronos-Chronos-Saturn lassen in der Antike ausgedehnte Vorstellungs- und Gedankengebäude entstehen. Mit der griechischen Humoralpathologie nimmt sich auch die antike Medizin der Melancholie an. Spätestens mit Aristoteles Schrift »Problemata Physica« wird die Melancholie zum Problem philosophischer Reflexion. Das Wissen des Mittelalters, das sich auf Aristoteles als eine unumstrittene Autorität bezog, hat sich mit der Melancholie ausgiebig beschäftigt. Aber auch erste Abwertungen setzen im Mittelalter ein. Die Aufklärung wird dann einen wahren Feldzug gegen die Melancholie führen: Der Melancholiker, das ist der Vernunftlose.[51] Während das Unvernünftige, Vernunftlose durch den philosophischen Diskurs der Aufklärung ausgemerzt werden soll, wird es zeitgleich – wie die »Wahlverwandtschaften« zeigen – in einem anderen bearbeitet: dem der Literatur. Im Denken der Moderne schließlich wird die Melancholie ausdrücklich mit Sprache selbst in einen theoretischen Zusammenhang gebracht. In seinem Trauerspiel-Buch hat Walter Benjamin die Melancholie als Sprachtrauer bezeichnet: Trauer über die Mortifizierung des Lebendigen durch seine Re-präsentation im Symbolischen der Sprache.[52]

Der Roman »Die Wahlverwandtschaften« artikuliert mit der Melancholie aber nicht nur ein Jenseits der Vernunft, er verknüpft die Melancholie nicht nur mit seiner weiblichen Hauptfigur, Ottilie. Der Roman arbeitet auch die Differenz von Trauer und Melancholie als Modi eines Verlustes aus. Eduards Kopfschmerz ist Zeichen der Trauer um den Verlust Ottilies als

---

[50] Zum folgenden Abriß vgl. die ausführliche Darstellung bei Roland Lambrecht: Melancholie, a.a.O. Darin den Abschnitt: Metamorphe Schwarzgalligkeit (*melancholia*), S. 13-34.

[51] Vgl. bes. Hans-Jürgen Schings: Melancholie und Aufklärung. Melancholiker und ihre Kritiker in der Erfahrungsseelenkunde des 18. Jahrhunderts. Stuttgart 1977, sowie den Aufsatz von Hartmut Böhme: Kritik der Melancholie und Melancholie der Kritik. In: Natur und Subjekt, S. 256-273.

[52] Vgl. Walter Benjamin: Der Ursprung des deutschen Trauerspiels. In: Walter Benjamin: Gesammelte Schriften, Bd. I-1, hrsg. von Rolf Tiedemann und Herrmann Schweppenhäuser, Frankfurt/M. 1991, S. 203-430, zur Melancholie bes. S. 317-365.

eines bekannten oder doch vermeintlich bekannten Objekts. Dieses Zeichen der Trauer war bereits in seine erste Bemerkung über das Kopfweh eingeschrieben: in Form jenes »es«, das das Wort »Kopfweh« ersetzt. In derselben Bemerkung sprach Eduard von Ottilie als seiner »Nichte«, ein Wort, das nicht etymologisch, wohl aber vom Klang her nichtigt: ein »nicht« mit sich führt.[53]

Ottilies Kopfweh dagegen memoriert und beklagt einen unbekannten Verlust. Ottilie ist eine Allegorie der Melancholie, die – weil sie dieses Motiv über ein Bild vor Augen führt – vielleicht dem Bild selbst eine Rückfrage stellt: Beklagt das Bild vielleicht auch einen Verlust? Anders gefragt: Führt das Bild der Melancholie auch auf die Melancholie des Bildes – als das, was dem Bild als symbolischem Ausdruck entgeht?[54]

---

[53] Eine der hartnäckigsten und zugleich irrigsten Annahmen ist die, daß Ottilie die Nichte von Eduard und Charlotte sei. Generell muß man sagen, daß die Verwandtschaftsverhältnisse durch die Bezeichnungen im Roman nicht klarer, sondern äußerst verwirrt werden. Charlotte spricht von Ottilie als dem Kind ihrer »wertesten Freundin« (251), weshalb Ottilie mitnichten die Nichte ist, vielmehr mit Eduard und Charlotte überhaupt nicht verwandt. Ottilie selbst verwendet zwar für Charlotte die Bezeichnung »Tante« (347), was aber nicht ihre Verwandtschaft beweist, sondern vielleicht nur hinweist auf einen Sprachgebrauch, wie er noch heute üblich ist: Tante bzw. Onkel ist eine für Freunde der Eltern, also Personen, die wesentlich älter sind. Zusätzlich genährt wurde das Mißverständnis um die Nichte durch eine Novelle Goethes, die als harmonische Umschrift der »Wahlverwandtschaften« gilt und die Konstellation von Onkel, Tante und Nichte aufmacht: die Novelle »Der Mann von funfzig Jahren« in »Wilhelm Meisters Wanderjahre«. HA VIII, S. 167-224. In bezug auf Ottilie zeugt das Wort Tante eher von ihrer Nähe zum Französischen, wie sie im Roman immer wieder thematisch wird: »Tante« wurde im 17. Jh. aus gleichbed. frz. »tante« entlehnt. Duden: Etymologie (1963), S. 700.

[54] Anlaß für diese Frage bieten Sarah Kofmans Überlegungen zur Melancholie der Kunst, die sie am Beispiel zweier Bilder von Jean-Baptiste Greuze ausführt: »Der zerbrochene Spiegel« und »Ein junges Mädchen, das um seinen toten Vogel weint« (Abb. 4). Beide Bilder stellen eine Weinende dar, wobei letztere ihren Kopf in die linke Hand stützt. Bei der Frage, aus welchem Grund die Mädchen weinen, deutet Sarah Kofman eine Deutung Diderots: »Der Vogel ist immer schon davongeflogen, der Spiegel zerbrochen, gesprungen, und es ist das Zerbrechen der Bedeutung, das das junge Mädchen beweint, der Verlust nicht nur des Spiegels oder des Vogels, sondern jedes Bezugspunktes und daher jedes Diskurses; sie beweint die 'Opferung' des Subjekts oder den Verlust des Objekts, was ja tatsächlich nach Freud Melancholie erzeugt, bis die Trauerarbeit geleistet ist.« Insofern wären beide Bilder eine »Allegorie der Malerei«. In: Sarah Kofman: Die Melancholie der Kunst. Graz, Wien 1986, S. 21f.

Linksseitiger Kopfschmerz als Zeichen der Melancholie

Abb. 4: Jean-Baptiste Greuze: »Ein junges Mädchen, das um seinen toten Vogel weint«

Abb. 5: Giovanni Benedetto Castiglione: »Melancholie«

Rechtsseitiger Kopfschmerz als Zeichen der Trauer

Abb. 6: Albrecht Dürer: »Selbstbildnis mit aufgestütztem Kopf«

Abb. 7: Albrecht Dürer: »Gedächtnissäule für den Bauernkrieg«

Literaturverzeichnis

Benjamin, Walter: Der Ursprung des deutschen Trauerspiels. In: Gesammelte Schriften, Bd. I-1, hrsg. von Rolf Tiedemann und Herrmann Schweppenhäuser, Ffm. 1991.

Böhme, Hartmut: Lebendige Natur. Wissenschaftskritik, Naturforschung und allegorische Hermetik bei Goethe. In: dsb.: Natur und Subjekt, Ffm. 1988, S. 145-178.

Kritik der Melancholie und Melancholie der Kritik. In: Natur und Subjekt, Ffm. 1988, S. 256-273.

Albrecht Dürer: Melencolia I. Im Labyrinth der Deutung. Ffm. 1989.

Brandstetter, Gabriele: Poetik der Kontingenz. Zu Goethes *Wahlverwandtschaften*. In: Jahrbuch der Deutschen Schiller-Gesellschaft 39, 1995, S. 130-145.

Buschendorf, Bernhard: Goethes mythische Denkform. Zur Ikonographie der "Wahlverwandtschaften". Ffm. 1986.

Duden, Bd. 7: Etymologie. Bearbeitet von Günther Drosdowski, Paul Grebe u.a., Mannheim, Wien, Zürich 1963.

Freud, Sigmund: Zur Einführung des Narzißmus. In: Studienausgabe, Bd. III, hrsg. von Alexander Mitscherlich, Angela Richards und James Strachey. Ffm. [6]1989, S. 37-68

Trauer und Melancholie. In: Studienausgabe, Bd. III, a.a.O., S. 193-212.

Fries, Thomas: Die Reflexion der 'Gleichnisrede' in Goethes »Wahlverwandtschaften«. In: dsb.: Die Wirklichkeit der Literatur. Drei Versuche zur literarischen Sprachkritik. Tübingen 1975, S. 90-130.

Goethe, Johann Wolfgang: Die Wahlverwandtschaften. In: Goethes Werke. Hamburger Ausgabe in 14 Bänden, hrsg. von Erich Trunz, München [12]1989, (Sigle: HA), Bd. VI, S. 242-490.

Die Farbenlehre. In: HA XIII, S. 314-536.

Wilhelm Meisters Lehrjahre. In: HA VII.

Faust. Der Tragödie erster Teil. In: HA III, S.7-145.

Groddeck, Wolfram: Reden über Rhetorik. Für eine Stilistik des Lesens. Basel, Ffm. 1995.

Hausen, Karin: Die Polarisierung der »Geschlechtscharaktere«. Eine Spiegelung der Dissoziation von Erwerbs- und Familienleben. In: Werner Conze (Hrsg.): Sozialgeschichte der Familie in der Neuzeit Europas. Stuttgart 1976, S. 360-380.

Hegel, G.W.F.: Ästhetik I. In: Werke, Bd. 13, hrsg. von Eva Moldenhauer und Karl Markus Michel. Ffm. 1986.

Hielscher, Monika: Natur und Freiheit in Goethes »Die Wahlverwandtschaften«. Ffm., Bern, New York 1985.

Hörisch, Jochen: »Das Leben war ihnen ein Rätsel«. Das Rätselmotiv in Goethes Romanen. In: dsb.: Die andere Goethezeit. Poetische Mobilmachung des Subjekts um 1800. München 1992, S. 172-188.

Horkheimer, Max; Adorno, Theodor W.: Dialektik der Aufklärung. Ffm. 1990.

Kofman, Sarah: Die Melancholie der Kunst. Graz, Wien 1986.

Lacan, Jacques: Das Spiegelstadium als Bildner der Ichfunktion. In: Schriften I. Weinheim, Berlin [3]1991, S. 61-70.

Lambrecht, Roland: Melancholie. Vom Leiden an der Welt und den Schmerzen der Reflexion. Reinbek 1994.

Lavater, Johann Caspar: Physiognomische Fragmente. Zur Beförderung der Menschenkenntniß und Menschenliebe. Leipzig/Winterthur 1775-78.

Näcke, P.: Kritisches zum Kapitel der normalen und pathologischen Sexualität. In: Archiv der Psychiatrischen Nervenkrankheiten, 1899, Bd. 32.
Nemec, Friedrich: Die Ökonomie der »Wahlverwandtschaften«. München 1973.
Ovid: Narcissus und Echo. In: Metamorphosen. In deutsche Prosa übertragen von Michael von Albrecht. München 1988, 4. Auflage, S. 68-72.
de Saussure, Ferdinand: Grundfragen der Allgemeinen Sprachwissenschaft. Hrsg. von Charles Bally und Albert Sechehaye. Berlin 1967, 2. Aufl.
Schings, Hans-Jürgen: Melancholie und Aufklärung. Melancholiker und ihre Kritiker in der Erfahrungsseelenkunde des 18. Jahrhunderts. Stuttgart 1977.
Schleiermacher, F.D.E.: Hermeneutik und Kritik. Hrsg. und eingeleitet von Manfred Frank. Ffm. ^{4}1990.
Schuller, Marianne: Versuch zum Abschied. In: dsb.: Moderne. Verluste. Literarischer Prozess und Wissen. Basel, Ffm. 1997, S. 75-89.
Watanabe-O'Kelly, Helen: Melancholie und die melancholische Landschaft. Ein Beitrag zur Geistesgeschichte des 17. Jahrhunderts. Bern 1978.
Wiethölter, Waltraud: Legenden. Zur Mythologie von Goethes »Wahlverwandtschaften«. In: Deutsche Vierteljahrsschrift für Literaturwissenschaft und Geistesgeschichte 56, 1982, S. 1-64.

Verzeichnis der Abbildungen

Abb. 1:   Caravaggio: Narciso
            Gemälde, Palazzo Barberini, Rom (Reprint)

Abb. 2:   Albrecht Dürer: Christus als Schmerzensmann
            Gemälde (Ausschnitt), 1493/4
            Quelle: Hartmut Böhme (1989)

Abb. 3:   Albrecht Dürer: Melencolia I
            Kupferstich, 1514
            Quelle: Hartmut Böhme (1989)

Abb. 4:   Jean-B. Greuze: Ein junges Mädchen, das um seinen toten Vogel weint
            Gemälde
            Quelle: Sarah Kofman (1986)

Abb. 5:   Giovanni Benedetto Castiglione: Melancholie
            Radierung (Ausschnitt)
            Quelle: Helen Watanabe-O'Kelly (1978)

Abb. 6:   Albrecht Dürer: Selbstbildnis mit aufgestütztem Kopf
            Feder (Ausschnitt), 1492/93
            Quelle: Hartmut Böhme (1989)

Abb. 7:   Albrecht Dürer: Gedächtnissäule für den Bauernkrieg
            Holzschnitt, 1525
            Quelle: Hartmut Böhme (1989)

Herzsprung.
Die Geschichte des Herzens und dessen Dekonstruktion am Beispiel Mignon

von Julia Brettschneider

Die Geschichte Mignons ist eine Herzensgeschichte. Und dies im doppelten Sinn: Mignon und Wilhelm verbindet durch die gesamte Erzählung eine herzliche Liebe und eine Liebe des Herzens. Zugleich ist es das Herz, an dem Mignons kurzes Leben hängt: Ihre Herz-Attacken führen den Herztod herbei. Das Herz – so legt schon der erste Eindruck der Romangeschichte nahe – bildet einen Knoten für das Verständnis der Mignon-Figur.
    Wie aber wäre dieser Knoten zu lösen? Löst man ihn aus konventionell hermeneutischer Sicht, so wird Mignons Herz zu einem Signifikat, das Emotionalität und Empfindsamkeit bedeutet. Als solches scheint es sich ungebrochen in romantische Betrachtungsweisen zu fügen: Mignon gilt als Reinkarnation der Empfindsamkeit und der Romantik. Hier dagegen soll ein anderer Deutungsversuch unternommen werden. Meine Lektüre bewegt sich jenseits der gefühlsbetonten Lesart, die den Herz-Topos allein als Signifikat, das Herz allein als Zeichen für Liebe setzt. Mignon, so die These, springt aus den traditionellen Deutungsmustern heraus. In einem historischen Gang werden diese Muster, die verschiedenen Herz-Diskurse, zunächst einmal vorgestellt, um sie dann zu erörtern, zu befragen und schließlich – mit Mignon – gegen den Strich zu lesen.

Abriß: Die Funktion Herz.
Hermeneutisch-metaphorischer, religiöser und humanistischer Diskurs

Das Herz, auf der einen Seite das lebendsspendende physische Organ inmitten des Körpers, trägt neben seiner biologischen Funktion ein ebenso umfangreiches wie bedeutendes Signifikaten-Potential. Als »Sitz der Seele, des Lebens, des Denk- und Gedächtnisvermögens«[1] fungiert es parallel als personale, Individualität konstituierende Mitte des Menschen. Assoziativ erschließt sich eine umfangreiche Motivreihe, so daß »Herz« auch: »das

---

[1] Historisches Wörterbuch der Philosophie, Bd. 3, Darmstadt 1971ff., 1100.

Heim Gottes«, »Quelle zärtlicher Empfindungen«,[2] Liebe, Sehnsucht, Gewissen, Glaube, Emotionen, Mut, Geheimnis, Ort der Wahrheit, das dem Intellekt Entzogene, Sinnlichkeit, Wärme u.a. bezeichnet. Übergreifend konstituiert sich damit der Begriff des Herzens als Symbolträger für das Innere des Menschen.[3] Eine große Rolle für die Herzmetaphorik spielt die Polarität von Herz und Kopf, Gefühl und Verstand. Das Herz gerät durch diese Trennung in eine dem Geist (Denken) untergeordnete Rolle. Die erste Trennung ist in den Texten der Vorsokratiker zu finden, wie etwa in den Schriften Alkmaion von Kroton und Philolaos, die ein Primat des Verstandes gegenüber dem Herzen geltend machten.[4] Die Gebrüder Grimm recherchierten, daß Gemütsbewegungen und Zustände wie Kummer, Zorn, Trotz und Stolz ursprünglich unter dem Signifikanten *Kopf* eingeordnet wurden. Dem Herz wurde die Nachahmung wie das Auswendigwissen zugeschrieben, was sich an den Ausdrücken engl. »to know by heart«, franz. »par coer« und ahd. »herzlicho« etymologisch nachvollziehen läßt.[5] Obwohl sich im Denken der Aufklärung die Trennung von Herz und Hirn weiterhin legitimierte, hebt sich die untergeordnete Stellung des Herzens jedoch zum Teil auf, da es durch Kants Bezeichnung vom guten und bösen Herzen in den Kontext der Moral verlegt wird.[6] Kant attribuiert dem bösen Herzen »Unlauterkeit, Bösartigkeit, Verderbtheit und Verkehrtheit«[7] und benennt das »neue Herz« (ebd.) als Ziel menschlichen Strebens.

Literatur ist – in der hermeneutischen Literaturrezeption – der Ort, wo das Wort Herz als Metapher für Liebe und Emotionen geschaffen, verhandelt und festgeschrieben wird.«[8] Das literarische Motiv des steinernen Herzens hingegen, welches gegen Ende des 18. Jahrhunderts in Erscheinung tritt, thematisiert Gefühllosigkeit und existentielles Versagen.[9]

---

[2] Horst und Ingrid Daemmrich, Wiederholte Spiegelungen, Themen und Motive der Literatur, Tübingen 1987.
[3] Paracelsius überträgt dieses Bild in seine Mikro-/Makrokosmos-Lehre, indem er das Herz als Sonne im Mikrokosmos bezeichnet.
[4] Vgl. Historisches Wörterbuch der Philosophie, 1102.
[5] Vgl. Jacob und Wilhelm Grimm, Deutsches Wörterbuch, München 1984, Stichwort »Kopf«.
[6] Vgl. Immanuel Kant, Die Religion innerhalb der Grenzen der bloßen Vernunft.
[7] Historisches Wörterbuch der Philosophie, 1108.
[8] Interessant erscheint die Verbindung des klaren Auges – das Wunder der Schöpfung betrachtend – mit dem zuverlässigen Herzen. Das Auge galt als Zugang zum fühlenden Herzen. Eine Idee, die sich über die Literatur des Mittelalters bis in die europäische Klassik zieht. Vgl.: Horst und Ingrid Daemmrich, Wiederholte Spiegelungen, Tübingen 1987, 171.
[9] Ebd., 173.

Darüber hinaus birgt das literarische Motiv des Herzens religiöse und humanistische Vorstellungen. Dem gläubigen Menschen offenbart sich das Herz in den religiösen Schriften als der Sitz Gottes. Die Reinheit und Offenheit des Herzens bedingt allerdings die Empfängnis des Gottes- bzw. Christusfunkens.[10]

Jenseits der religiösen Herzmetaphorik entwickelt sich das Bild des Herzens zum Sitz der festen, inneren Überzeugung, gekoppelt an die zunehmende persönliche Verantwortlichkeit. Das Herz wird zum Ort für »Wunschvorstellungen und Zuversicht der Personen, die ihrem Herzen vertrauen.«[11] Das fühlende Herz, an vielen Stellen der raffenden Hand kontrastierend gegenübergestellt, entwickelte sich, insbesondere in der französischen und deutschen Klassik, zum humanistischen Symbol für die »Möglichkeit der freien Selbstbestimmung [...] und die lebenswürdige Haltung gegenseitiger Achtung«.[12] Die Fähigkeit zur echten Begegnung mit den Mitmenschen und das intuitiv richtige Handeln schließt sich in das fühlende Herz mit ein. Die Zwischenmenschlichkeit und vor allem die Wahrheit gehen, dem Kontext des Humanismus entspringend, als mögliche Kernpunkte der Herzmetaphorik in der Literatur hervor. Auf sprachlicher Ebene läßt sich die Ambivalenz zwischen wahrem Gefühl und konventioneller Rede hervorheben, die ihren Ausdruck in Redeweisen wie zum Beispiel »mein liebes Herz, meine süße Seele« findet.

So lasse man sein Herz mehr reden als seinen Verstand: die Empfindsamkeit

In der gefühlsbetonten, geistigen Strömung der Empfindsamkeit (ca. 1730 bis Ende des 18. Jahrhunderts) nimmt das Herz als Träger der Emotionen und der Seele einen großen Bedeutungsraum ein. Aus dem Kontext des Pietismus tritt die »Heiligsprechung des Herzens«[13] hervor, die auch in das aufklärerische Denken eingeht. Die (neue) Empfindsamkeit steht nicht als Opposition zum Rationalismus der Aufklärung, sondern etabliert sich als »nach innen gewendete Aufklärung«,[14] die versucht, die Emotionen zu erklären und zu deuten. Der »sentimentale Erguß«[15] wird zum Schlüssel-

---

[10] Vgl. Horst und Ingrid Daemmrich, Wiederholte Spiegelungen, Tübingen 1987, 172.
[11] Ebd., 174.
[12] Ebd., 172.
[13] Gerhard Kaiser, Aufklärung, Empfindsamkeit, Sturm und Drang, Bd. 3, München 1976, 33.
[14] Günther und Irmgard Schweikle (Hrsg.), Metzler Literatur Lexikon, Stuttgart 1990, 122.
[15] Kaiser, a.a.O., 33.

begriff der Bewegung, die in dem Genuß der Wehmut und Tränen im *Herzen* Erfüllung findet.[16]

Der Begriff und die Seelenlage des Enthusiasmus durchlaufen einen positiven Bedeutungswandel, indem sie aus dem Kontext der vernunftlosen und unklaren Schwärmerei austreten und sich zur vorbildlichen Seelenlage entfalten.

Im Zuge der Epoche entwickelt sich die Empfindsamkeit (die Gabe des Empfindens) zur Charakter und Individualität formenden Kraft. So entlocke die Empfindsamkeit dem Charakter wesentliche Tugenden, wohingegen den »Unempfindlichen« Charakterlosigkeit und Kälte vorgeworfen wurde: »Ein Mensch ohne Gefühl hat immer elende, kriechende, eigennützige Leidenschaften. Er ist geizig, mißtrauisch. Neid und niedrige Ehrsucht quälen ihn unaufhörlich«.[17] Auf gesellschaftliche Begegnungen und Zusammenhänge bezogen steigert sich diese sogar zu einer sozialen Fähigkeit: »Eben diese Empfindsamkeit ist es auch, die uns für die Menschen, und den Umgang mit denselben, brauchbar macht. Aus ihr fließen alle gesellschaftlichen Tugenden.«[18] Die »Kommunikation des Herzens«,[19] also die Fähigkeit zum Empfinden, greift dadurch in die Entwicklung der Freisetzung und Thematisierung des Subjekts ein und bildet ein wesentliches Element der Persönlichkeit.

Empfindsamkeit und Literatur

Die forcierte Gefühlskultur der Empfindsamkeit erfährt einen bedeutenden Anteil ihrer Ästhetisierung in der Literatur. Anlehnend an das neu entdeckte Naturgefühl der Zeit entsteht ein großer Bedarf an Reflexion der gewonnenen seelischen Stimmungen. Ein facettenreicher, nuancierter psychologischer Wortschatz entwickelt sich, welcher zur Artikulation der Seelenschwingungen verhilft und beiträgt.

Intime literarische Mitteilung, Reflexion und Ausdruck erfuhren die Seelen-(Herzens)-Empfindungen mittels selbstreflexiver Genres, wie dem Tagebuch, dem Brief oder der Autobiographie, die der Selbstdarstellung Raum und Medium boten.[20] Insbesondere im literarischen Brief, der die

---

16 Als das wohl berühmteste Beispiel sei hier das sechste Buch aus J.W. Goethes »Wilhelm Meisters Lehrjahre«, die »Schöne Seele« genannt.
17 Georg Jäger, Empfindsamkeit und Roman, Stuttgart 1969, 48.
18 Ebd.
19 Nikolaus Wegmann, Diskurse der Empfindsamkeit, Stuttgart 1988, 72.
20 Sowohl für Mignon in »Wilhelm Meisters Lehrjahre« wie für die Ottilie der »Wahlverwandtschaften« werden selbstreflexive Genres als Ausdrucks- und (Spiegel-)formen verwendet. Insbesondere bei Ottilie sticht die Differenz zwischen der Mangel-

innersten Gefühle nach Außen kehren sollte, entsteht ein exzessives Streben nach Authentizität, durch die dem Empfänger Emotionen und Zustände unverhüllt mitgeteilt werden sollen.[21] So kann der Brief als »formalisierte, auf Mitteilung angelegte Vergegenwärtigung des Ich«[22] bezeichnet werden.

Die empfindsamen Schreibenden » ... glaub[ten] sich im Besitz einer Sprache, deren Natürlichkeit und Naivität einen direkten, als Authentizität und Originalität ausgegebenen Zusammenhang von Empfindung und Ich-Wahrnehmung sichern kann.«[23]

Die Autoren der literarischen Empfindsamkeit[24] rückten durch das Aufgreifen von psychologischen, die Seele betreffenden Themen die Vertiefung der subjektiven Seelenforschung und den ästhetischen Subjektivismus in den Vordergrund. Das Herz, die Seele und das Gefühl als zentrale Signifikate der Empfindsamkeit sammeln sich in der Vorstellung des Individuums und bilden gleichzeitig die Existenz desselben. Somit wird jedem Menschen, neben dem physischen Organ, ein *Herz* im Sinne seiner symbolischen (fühlenden) Bedeutung zugeschrieben.

Empfindsame HeldInnen

Als unumgänglich in der Rezeption der literarischen Empfindsamkeit wird Johann Wolfgang Goethes 1774 erschienener Roman »Die Leiden des jungen Werther«. Werther geht ganz in seinem Herzen auf, in ihm findet sich ein fast unerschöpflicher Brunnen der Gefühle und Seelenmitteilungen, die er den LeserInnen in der intimen Form des Briefes offenbart. Werther kreist um seine Empfindungen und greift stets auf sein Herz als sein Innerstes zurück, das für eine Vielzahl an Mitteilungen einsteht: »Ich kehre in mich selbst zurück, und finde eine Welt.«[25] In Werther sublimiert sich die grenzenlose Selbstreflexivität, der forcierte Subjektivismus und das unabdingbare »Diktat des Herzens«,[26] welches ungeahnte Emotionen und

---

haftigkeit des gesprochenen Wortes und der Eloquenz des geschriebenen Tagebuchs hervor. Mignon findet ihren Ausdruck in den poetischen Liedgedichten.
[21] Dennoch darf nicht außer acht gelassen werden, daß auch Briefe einer literarischen Stilisierung unterzogen werden. Briefe können daher ebenso als literarisches Konstrukt gelesen werden. Vgl. dazu u.a. den Briefwechsel des Ehepaars Varnhagen.
[22] Wegmann, ebd. 78.
[23] Ebd.
[24] Als wichtigste AutorInnen der Empfindsamkeit wären zu nennen: Christian Friedrich Gellert, Sophie von La Roche, Johann Timotheus Hermes, A. von Kotzebue, Johann Gottlieb Klopstock.
[25] J.W. Goethe, Die Leiden des jungen Werther, Stuttgart 1986, 12/13.
[26] Kaiser, 1976, 209.

leidenschaftliche Seelenzustände freilegt. Werther geht den Weg der Welterschließung über die Liebe. Sein Ich tritt aus sich heraus und erobert neue Welten, » ... Welten, die das Ich mit dem Mikro- wie mit dem Makrokosmos zusammenschließ[en].«[27] Goethes literarische Figur kann somit als Symbolträger für den empfindsamen, fühlenden Menschen angesehen werden. Kaiser stellt Werther schließlich in den Mittelpunkt der Empfindsamkeit und die damit verbundene Zeit: »Sein Herz tritt sich selbst und der Welt mit der höchsten Forderung entgegen, und so ist er nicht nur Ausdruck der Empfindsamkeit mit ihrem Selbstgenuß des Gefühls, sondern auch des Sturm und Drang-Titanismus mit seinem Streben nach Entgrenzung und Überschreitung des Ich [...].«[28]

Ingrid Ladendorf weist in ihrer Arbeit »Zwischen Tradition und Revolution« auf die Existenz von empfindsamen Heldinnen hin. Die Autorin bezieht sich auf die Protagonistinnen in Johann Timotheus Hermes »Sophiens Reise von Memel nach Sachsen« (1773) sowie auf Sophie de La Roches »Geschichte des Fräuleins von Sternheim« (1771). So sieht sie die, durch die Figuren repräsentierte Tendenz, die Gefühlswelt der Frauen mit zu berücksichtigen und »nicht länger leblose, tugendgemäß funktionierende Wesen zu kreieren.«[29] Ähnlich wie im »Werther«, wird der Erlebnisraum der Romane in das Innere der Heldinnen verlegt, so daß die weibliche Reflexion der Geschehnisse interessiert. Hierdurch ebnete sich der Weg für die Identifikation für (vor allem) Leserinnen. Ferner deutet sich eine Wandlung vom reinen Objektdasein der Frau als Angebetete zum Subjektstatus an, indem die Frau selber empfinden/anbeten darf und dies auch äußert.

Es schlägt

In Anlehnung an die Epoche der Empfindsamkeit ist das Herz Mignons vielfach mit Attributen der Liebe, Emotion und Seele ausgestattet worden. Ich möchte Mignons Herz aus diesem Kontext heraustrennen. Werthers Herz und Mignons Herz haben nichts mehr miteinander gemein: Dies soll anhand einer Lektüre einschlägiger Textstellen aus »Wilhelm Meisters Lehrjahre« gezeigt werden.[30]

---

[27] Vgl. Stefan Blessin, Goethes Romane, Aufbruch in die Moderne, Paderborn u.a. 1996, 78.
[28] Kaiser, a.a.O., 1976, 207.
[29] Ingrid Ladendorf, Zwischen Tradition und Revolution, Frankfurt am Main 1990, 22.
[30] J.W. Goethe, Wilhelm Meisters Lehrjahre, München 1997, 152. Die Textstellen befinden sich im 2. Buch, 14. Kapitel.

Herzsprung

In Johann Wolfgang Goethes großem Bildungsroman »Wilhelm Meisters Lehrjahre« (1795) erscheint die rätselhafte Figur Mignon. Von Anfang an wird das Herz Mignons thematisiert: durch Gestik und Lyrik zunächst, später durch Krankheit und Tod. Das Herz Mignons erscheint als Träger ihrer verborgenen Emotion und ihrer unverstandenen Liebe zu Wilhelm. Ihr Herzensleiden durchzieht ihre gesamte Geschichte im Roman. Diese Geschichte endet schließlich auf tragische Weise: Mignon stirbt an gebrochenem Herzen.

Im zweiten Buch des »Wilhelm Meister« offenbart sich Mignon Wilhelm, dessen Herz für »Seelenempfindungen« empfänglich ist: »Und Wilhelms Herz konnte nicht empfänglicher sein.« Mignons Herz- und Seelenzustand läßt sich jedoch nicht eindeutig festlegen. Aus einem nahezu harmonischen Bild heraustretend – Wilhelm und Mignon sitzen »ruhig« und »freundlich« beieinander – tritt etwas ein:

> Endlich fühlte er an ihr eine Art Zucken, das ganz sachte anfing, und sich durch alle Glieder wachsend verbreitete. [...] Sie richtete ihr Köpfchen auf, und sah ihn an, fuhr auf einmal nach dem Herzen, wie mit einer Gebärde, welche Schmerzen verbeißt. (152)

Auffällig an dieser Passage ist zunächst die Einleitung »Endlich«. Im Zusammenhang des Textes erscheint die Benutzung dieses Adjektivs inkohärent. Endlich, semantisch eigentlich ein längeres Warten antizipierend, fügt sich ungewöhnlich und auffällig in den Text ein. Mittels dieses Wortes entsteht eine Zäsur, eine Art Bruch, der möglicherweise eine Veränderung Mignons ankündigt.

In bezug auf Mignons Herz findet sich zunächst ein distanzierendes Moment. So fährt Mignon nicht nach *ihrem* Herzen, sondern lediglich nach *dem* Herzen. Explizit bedeutet das so beschriebene Herz nichts Persönliches im Sinne von Seele, sondern existiert »nur« als Organ. Diese Beschreibung steht der allgemeinen Auffassung vom Herzen als dem innersten und persönlichsten Ort im Menschen entgegen. Nicht das Herz selbst und die damit verbundenen Gefühle werden hier näher beschrieben, sondern die Gebärde, also die äußere Reaktion auf das Herz, mit der Mignon nach dem Herzen fährt. Hier wird demnach eine Markierung des Organs vorgenommen, die von der herkömmlichen Betonung des Signifikats »Herz« abweicht. »Schmerz verbeißen« könnte in diesem Zusammenhang auch »sich den Schmerz nicht anmerken lassen« oder »das Innere zurückhalten oder zurückdrängen« meinen – entgegen der extrovertierten, verbalen Reaktion, wie wir sie aus der Empfindsamkeit kennen.

Das Bild, das von Mignon entsteht, bleibt uneindeutig. Obwohl sie anscheinend Schmerzen im Herz verspürt, ist jedoch keine explizite Angabe über Mignons Inneres zu erfahren. Der Text spiegelt ausschließlich ihre äußere Welt wider. Im Gegensatz zu Werther, der die Sprache zum Medium seiner Herzensreflexionen macht und diese intensivst ausschöpft, steht bei Mignon vorerst die Gebärde, die Körpersprache, im Vordergrund.

Im weiteren Verlauf der Szene wird Mignon dennoch das Herz als ein Teil von ihr zugeschrieben: »Sie hielt ihr Herz fest, und auf einmal tat sie einen Schrei, der mit krampfigen Bewegungen des Körpers begleitet war« (153). Interessant erscheint das Verb »festhalten« im Zusammenhang mit ihrem Herzen. So kann »festhalten« auf der einen Seite im Sinne von »beschützt werden« oder »sich festhalten« gelesen werden. Auf der anderen Seite birgt dieses Festhalten etwas Negatives, Verkrampftes und Instabiles. »Festhalten« ist auch Opposition von »nicht loslassen können«. Es entsteht der Eindruck einer angespannten, verkrampften Stimmung. Diese extreme Verkrampftheit würde auch zu der tatsächlichen Anspannung Mignons passen.

Dem Festhalten oder gar dem Innehalten des Herzens folgt eine offensichtlich unangenehme Reaktion, die sich wiederum körperlich äußert. Dieses Bild verstärkt sich, betrachtet man die folgende Aussage im Text: »Die Zuckung dauerte fort, die vom Herzen sich den schlotternden Gliedern mitteilte, ...« (153). Es scheint, daß wiederholt eine äußere Reaktion das Herz Mignons weiterführt oder auf ihr Inneres antwortet. Wie zuvor bleiben ihre *inneren* Regungen verschlossen und ausdrücklich nicht zugänglich. Der Text reflektiert lediglich die äußere Ableitung dessen.

Mignon erhält im Fortlauf der Szene keine weitere Beschreibung. Herz und Innerstes sind im Text explizit getrennt und es scheint, daß es sich um verschiedene Bereiche in Mignon handelt. Dies ist historisch wie semantisch eher unüblich. Auch in der folgenden Szene erfolgt keine Zusammenführung oder Berührung der beiden Begriffe.

> ... und sie warf sich ihm, wie ein Ressort, das zuschlägt, um den Hals, indem in ihrem Innersten wie ein gewaltiger Riß geschah, und in dem Augenblicke floß ein Strom von Tränen aus ihren geschlossenen Augen in seinen Busen. (153)

Wieder führt eine scheinbare Regung oder Begebenheit innerhalb Mignons zu ausgesprochen starken, negativen *Äußer*ungen. Zu erfahren ist aber nur, daß etwas passiert ist – ein Riß nämlich. Der Riß ist ein Bild für etwas Negatives: Durchtrennung, Zerstörung oder gar Loslösung sind mögliche Lesarten. Es besteht allerdings keine klare Aussage über die Vorgänge, die Gefühle, die Mignon bewegen. Ihre Körperreaktionen entwerfen ein nahezu

pathologisches Bild: Es lassen sich epileptische, hysterische oder psychosomatische Züge assoziieren. Mignon »äußert« sich auf eigene Art.
In der nun folgenden Szene scheint Mignon sich nahezu aufzulösen und Wilhelm unter den Händen zu zerinnen. Dieser Eindruck wird besonders durch ihre offenen Haare gefördert, die ein fließendes, unschuldig-engelsgleiches Bild hervorrufen. Der Stau – das fest zurückgehaltene Innere – bricht in Form einer Körperflüssigkeit, der Tränen hervor. In diesem Tränenstrom löst sich Mignons Verkrampfung vorerst auf:

> Ihre starren Glieder wurden gelinde, es ergoß sich ihr Innerstes, und in der Verirrung des Augenblickes, fürchtete Wilhelm, sie werde in seinen Armen zerschmelzen, und er nichts von ihr übrig behalten. (153)

Aus der krampfenden Mignon wird ein »weiches, gelindes« Wesen. Auch in dieser Szene gibt es Hinweise darauf, daß Mignons Herz den Auslöser für ihren körperlichen, »uns« zugänglichen Ausdruck darstellt. Wiederum aber ist nichts über das Innere zu erfahren: Die Gefühle bleiben an der Text/Körper-Oberfläche und sind weder für Wilhelm noch für die LeserInnen nachvollziehbar entwickelt. Auffällig ist dagegen eine große erotische Komponente. Als Indikatoren dafür seien die Wörter »ergießen«, »zerschmelzen« und »in seinen Armen« genannt.

Festzuhalten wäre, daß Mignon anscheinend ein Herz »besitzt«. Ob hiermit das rein physische Organ gemeint ist, bleibt offen. Ebenso »besitzt« sie ein Innerstes, welches durchaus Gefühlsregungen birgt. Diese bleiben jedoch verschlossen. Was von Mignons Herz greifbar wird, ist entweder eine Projektionsfläche für vielerlei Interpretationen oder die ernüchternde Erkenntnis, daß dieses Herz sich auf rein physische, lebenserhaltende Funktionen beschränkt.

Herzlose Maschine / Marionette

Die Beschreibung der Figur Mignons ruft an einigen Stellen die Assoziation »Maschine« oder »Androide« hervor. Besonders relevant in diesem Zusammenhang erscheint die folgende Passage, da sie sich von der konventionellen Verbindung von Herz und Emotion loslöst.

> Er [Wilhelm, J.B.] schloß sie [Mignon, J.B.] an sein Herz, und benetzte sie mit Tränen. Auf einmal schien sie wieder angespannt, wie eins, das den höchsten körperlichen Schmerz erträgt; und bald mit einer neuen Heftigkeit wurden alle ihre Glieder wieder lebendig ... (153)

Wilhelm übernimmt in dieser Szene augenscheinlich eine energiespendende Funktion. Das Verb »anschließen« läßt jedoch noch weitergehende Assoziationen zu: Durch den Gebrauch dieses Wortes erhält der Satz eine technische Konnotation. So können Allusionen von Maschinen, Automaten oder auch einer Herzmaschine entstehen, die externe Energie benötigen, um zu funktionieren. In dieses Bild reiht sich auch die Satzeinleitung »Auf einmal« ein. »Auf einmal«, also durch eine abrupte Veränderung, durch einen Energieschub, ist die Körperspannung wiederhergestellt: *angespannt.* Mignon wird wieder aktiv: »und bald mit einer neuen Heftigkeit wurden alle ihre Glieder wieder lebendig« (153). Wilhelm übernimmt mit seinem Herzen die eigentliche Herz-Antriebsfunktion für Mignon – sein Herz wird zum lebensspendenden Organ, zur Herz-Rhythmus-Maschine. Folglich wäre es denkbar, daß Mignon keine eigene Kraft besitzt, um physisch zu überleben. Nicht zufällig spielt auch der Name »Mignon« auf ein seelen- und herzloses, da puppenhaftes Wesen an. Menschliche Attribute wären ihr danach fremd oder werden ihr abgesprochen.

Das Bild vom Menschen als Maschine bzw. Automat ist vor allem in der Renaissance und auch noch zu Lebzeiten Goethes eine beliebte und gängige Vorstellung.[31] Bereits im Altertum gab es Bestrebungen, sinnliche Gottesbeweise in Form von erschaffenen Automaten zu liefern. So gibt es Zeugnisse von zahlreichen drehbaren und beweglichen Figuren, welche Götter und Nymphen darstellten.[32] Häufig strahlten diese Automaten etwas Dämonisch-Teuflisches und Bedrohliches aus.[33]

---

[31] In diesem Zusammenhang sei auch auf den Golem hingewiesen, der von jeher einen wichtigen Bestandteil der jüdischen Tradition verkörpert.

[32] Alle Angaben über Maschinen und Automaten beziehen sich auf die Arbeit von Liselotte Sauer, Marionetten. Maschinen. Automaten. Der künstliche Mensch in der deutschen und englischen Romantik, Bonn 1983.

[33] Dieses Nicht-Menschliche wird u.a. in Kleists vieldiskutiertem Aufsatz »Über das Marionettentheater« (1810) angesprochen. Die Marionette soll nicht nur möglichst genau den Menschen imitieren, sondern besäße durch ihre höhere Perfektion Vorteile gegenüber dem Menschen: »Der Vortheil [der Marionette] ... daß sie sich niemals zierte. – Denn Ziererei erscheint, wie Sie wissen, wenn sich die Seele (vis motrix) in irgendeinem anderen Puncte befindet, als in dem Schwerpunct der Bewegung.« Das Bewußtsein wird auch nicht mehr als positive, individuelle Eigenschaft beschrieben, sondern als Hindernis auf dem Weg zu natürlicher Grazie und Perfektion. Es entstehe »Unordnung, in der natürlichen Grazie des Menschen, [die] das Bewußtsein anrichtet«. Vgl.: Heinrich von Kleist, Über das Marionettentheater, in: Walter Müller-Seidel (Hrsg.), Kleists Aufsatz über das Marionettentheater, Berlin 1967, 9-16.

Unaufhaltsam wie ein Uhrwerk

Die Hypothese der Marionetten- bzw. Maschinenhaftigkeit Mignons wird bestärkt durch den sogenannten »Eiertanz«.[34] In der Beschreibung ihres »Kunststückes« (123) treten Bezeichnungen auf, die Mignon aus dem Menschlichen in die übermenschliche, androide Sphäre transponieren. So heißt es: »Sie verband sich die Augen, gab das Zeichen, und fing zugleich mit der Musik, wie ein aufgezogenes Räderwerk ihre Bewegungen an.« (123) Insbesondere der Vergleich »wie ein aufgezogenes Räderwerk« fügt sich in die Vorstellung von einer Maschine ein. Mignons Tanz wird wie folgt beschrieben: »Behende, leicht, rasch, genau führte sie den Tanz«. (123), und weiter: »Streng, scharf, trocken, heftig ... « (123). Nicht nur das Vokabular, die maschinellen Adjektive rufen die Assoziation mit einer Maschine hervor. Ebenso unterstützt der syntaktische Aufbau der Beschreibungen dieses Bild, indem hier eine staccato-artige Aneinanderreihung der Wörter vorgenommen wurde. Der abgehackte, gleichsam rhythmisierte Aufbau provoziert deshalb einen mechanischen Eindruck. Mignons Tanz wird auch mit einem Uhrwerk verglichen: »Unaufhaltsam, wie ein Uhrwerk, lief sie ihren Weg, ...«. Wieder erscheint der technische Aspekt dieser Figur. Mignon beendet ihr »sonderbares Schauspiel« mit einem »Bückling«[35], auch dies ein Hinweis auf ihre Androidenhaftigkeit. Sie führt den Tanz perfekt, geradezu unnatürlich präzise aus, jedoch ohne Individualität oder Gefühlsausdruck. Gerade das Herz, das mit Individualität verbundende Element, fehlt an dieser Stelle. Mignons Tanz ist herz- und konsequenterweise ausdruckslos. Die Frage nach dem Inhalt oder gar der Existenz des Herzens von Mignon, im Sinne der Fähigkeit des Empfindens, bleibt offen.

Innen/Außen. An/Aus

Mignon teilt sich und ihr Inneres der äußeren Welt in Form von körperlichen Reaktionen mit.[36] Ihr Herz und ihre innere Welt aber bleiben den Lesern und auch der literarischen Figur Wilhelm Meister verschlossen. Es scheint, als

---

[34] Vgl. J.W. Goethe, Wilhelm Meisters Lehrjahre, II. Buch, 8. Kapitel.
[35] Die Beendigung von Mignons Tanz erinnert stark an die tatsächlich im 18. Jahrhundert existierenden Androiden, etwa die von P. und H. Jaquet-Droz, deren Klavierspieler seinen Vortrag (Schauspiel) ebenfalls mit einem Bückling beendete. Vgl. Liselotte Sauer, Marionetten. Maschinen. Automaten, Der künstliche Mensch in der deutschen und englischen Romantik, Bonn 1983.
[36] Eine bedeutsame Ausnahme bilden in der Gesamtheit des Romans die Liedgedichte Mignons. Vgl. dazu auch den Aufsatz von Maike Czieschowitz in diesem Band.

ob Mignon sich in einer uns unzugänglichen Welt oder Sphäre bewegt, ohne aber auch den Schlüssel für diesen Ort bereitstellen zu können – oder zu wollen. Wilhelm begegnet Mignons unverständlichem Anfall: »Was ist dir, Mignon?, rief er aus, was ist dir?« (153) Seine Fragen sind der hilflose Versuch, Mignon mittels der Sprache und damit der symbolischen Ordnung zurückzugewinnen. Wilhelm kann Mignon jedoch nur scheinbar erreichen, da ihm keine andere Sprache als die der Kausalität, die nach Ursache und Wirkung fragt, zur Verfügung steht. Mignon ihrerseits läßt ihren Körper, ihre Gesten »sprechen«. Ihre Gefühle werden nicht verbalisiert. An dieser Stelle wird ein bedeutsamer Bruch sichtbar: Mignons Verhalten steht der Kultur und ihrer Rationalisierung von Gefühlen in Form von empfindsamen Äußerungen radikal entgegen. Mignon befindet sich außerhalb des empfindsamen Diskurses. Mit ihr wird der »Herz-Offenbarung« entsagt, indem ihr Körper als Signifikant vor das Signifikat »Herz« gestellt wird. Für Wilhelm bleibt immerhin die Sprache, mit der er trösten und die Kommunikation wieder herzustellen versucht:

> Mein Kind! rief er aus, mein Kind! Du bist ja mein! Wenn dich das Wort trösten kann. Du bist mein! Ich werde dich behalten, dich nicht verlassen! [..] Mein Vater! rief sie, du willst mich nicht verlassen! willst mein Vater sein! (153)

Die Sprache stellt scheinbar die verloren gegangene Ordnung wieder her. Diese Ordnung betrifft allerdings nur die Oberfläche von Mignons Erscheinung. Ob auch Mignons innere Ordnung wiederhergestellt ist, bleibt vorerst ungewiß. Ihre innere und äußere Welt korrespondieren nicht. Wie ein Negativverfahren wirft sie nur die Worte Wilhelms zurück: »du [...] willst mein Vater sein! Ich bin dein Kind.«.

Körper-Sprache

Mignon vereint Widersprüche und Polaritäten. Sich auszudrücken, gelingt ihr »nur« über das Körperliche. Indem Mignon keinen Gebrauch von der Sprache macht, umgeht sie das Problem von Sprache und Identität. Durch ihre Körpersprache erscheint Mignon »authentischer«, da Sprache immer vom Ursprünglichen (Empfundenen) *weg*zeigt. Sprache ver- und entfremdet, verzerrt und bildet kein Ursprüngliches ab. Mit dem Einsatz ihres Körpers an der Stelle der Sprache stellt sich Mignon gegen das abstrakt-symbolische Konzept der Sprache und drückt ohne sie (mehr?) aus. Sie rückt der Idee eines authentischen Ausdrucks mit der Sprache ihres Körpers zuleibe. Ihr Körper äußert sich dabei in verschiedenen Facetten, in verschiedenen

Sprachen: ob im Tanz, im Anfall oder schließlich in der Krankheit und im Tod.

Indem Mignons Herz sich in teilweise gegensätzlichen Mustern zeigt, wird durch diese Figur der konventionelle Begriff des Herzens dekonstruiert. Die Veräußerlichung ihres Herzens stellt sich vielfach verfremdet und unzugänglich dar, so daß herkömmliche Betrachtungsmuster, mit denen Mignon begegnet wird, nicht greifen. Mit Mignon wird gewissermaßen ein Konzept von Subjektivität unterwandert, welches an sprachliche Veräußerung gebunden ist. Mit ihr wird die Formel »Herz ist gleich Gefühl/Liebe« gesprengt, die in der Literatur tonangebend war. Auch der verbalen Offenlegung von Gefühlen und der Preisgabe des Inneren und somit dem forcierten Gefühlskult wird durch die Figur Mignons begegnet – und damit sowohl der literarischen Epoche der Empfindsamkeit wie auch traditionellen Modellen und Schemata.

In der Entwicklung von Werther zu Mignon hat Goethe also den Herz-Begriff verschoben: Hatte er mit Werther das Schema der Empfindsamkeit bedient, so scheint es, daß er es mit Mignon wieder aufhebt. Mit Mignon ist das Herz möglicherweise geworden, was es »ohne alle Zutat« ist: das *Organ* – und kein Gefühlsknoten. Die konventionelle Übereinstimmung von Herz als Signifikat für Liebe, Seele und Gefühl wird dadurch aufgebrochen, das Herz als Signifikant zurück- oder dazugewonnen.

Anschluß

Die Tatsache, daß die Figur Mignon in gewisser Weise »verschleiert« und schwer festlegbar erscheint, erschwert auf der einen Seite die Untersuchung dieser literarischen Gestalt. Auf der anderen Seite eröffnet sie die Perspektive auf viele mögliche Zugangsweisen. So sind die Betrachtung ihres Herzens und die damit verbundenen Assoziationsfäden längst nicht abgeschlossen. Es wäre durchaus denkbar, die äußere, körperliche Reaktion Mignons aus dem Blickwinkel der sogenannten Hysterie zu betrachten. Hierbei geht es nicht um die Hysterie im rein medizinischen Sinn, sondern um deren Hinterfragung und Nutzbarmachung durch neuere Literaturtheorien und die feministische Literaturwissenschaft.[37] Mignons scheinbar unverständliche Mitteilungsart, ihre gleichsam symptomatische Körperschrift nähert sich möglicherweise der Hysterie als einer »Krankheit der Ichlosig-

---

[37] Vgl. insbesondere den Abschnitt »Die wahre Lüge der Hysterie«, in: Lena Lindhoff, Einführung in die feministische Literaturwissenschaft, Stuttgart 1995, sowie Christina von Braun, Nicht-Ich. Logik. Lüge. Libido, Frankfurt/M. 1990.

keit«[38]. Diese Korrelation eröffnet vielleicht einen weiteren Weg, der aus der Unzugänglichkeit Mignons herausführt.

Literatur

Bahr, Ehrhard, Erläuterungen und Dokumente, Johann Wolfgang Goethe Wilhelm Meisters Lehrjahre, Stuttgart 1982.
Blessin, Stefan, Goethes Romane, Aufbruch in die Moderne, Paderborn u.a. 1996.
Daemmrich, Horst und Ingrid, Wiederholte Spiegelungen, Themen und Motive in der Literatur, Bern 1978.
Eckart, W., Geschichte der Medizin, Weinheim 1996.
Goethe, Johann Wolfgang, Die Leiden des jungen Werther, Stuttgart 1997.
Goethe, Johann Wolfgang, Wilhelm Meisters Lehrjahre, München 1997.
Grimm, Jacob und Wilhelm, Deutsches Wörterbuch, München 1984.
Historisches Wörterbuch der Philosophie, Darmstadt 1971ff..
Jäger, Georg, Empfindsamkeit und Roman, Wortgeschichte, Theorie und Kritik des 18. und 19. Jahrhunderts, Stuttgart 1969.
Kaiser, Gerhard, Aufklärung und Empfindsamkeit Sturm und Drang, München 1976.
Keppel-Kriems, Karin, Mignon und Harfner in Goethes »Wilhelm Meisters Lehrjahre«. Eine geschichtsphilosophische und kunsttheoretische Untersuchung zu Begriff und Gestaltung des Naiven, Frankfurt am Main 1986.
Heinrich von Kleist, Über das Marionettentheater, in: Walter Müller-Seidel (Hrsg.), Kleists Aufsatz über das Marionettentheater, Berlin 1967, 9-16.
Ladendorf, Ingrid, Zwischen Tradition und Revolution, Die Frauengestalten in »Wilhelm Meisters Lehrjahre« und ihr Verhältnis zu deutschen Originalromanen des 18. Jahrhunderts, Frankfurt am Main 1990.
Lindhoff, Lena, Einführung in die feministische Literaturtheorie, Stuttgart 1995.
Sauer, Liselotte, Marionetten, Maschinen, Automaten, Der künstliche Mensch in der deutschen und englischen Romantik, Bonn 1983.
Schweilke, Günther und Irmgard (Hrsg.), Metzler Literatur Lexikon, Stuttgart 1990.
Wegmann, Nikolaus, Diskurse der Empfindsamkeit, Stuttgart 1988.
Zweig, Adam (Hrsg.), Zur Symbolik des Herzen und des Raumes, Bern 1991.

---

[38] Lena Lindhoff, a.a.O., 155.

Kennst du das Land?
Zu »Mignons« Liedgedicht in »Wilhelm Meisters Lehrjahre«

von Maike Czieschowitz

Nie erscheint Mignon deutlicher als in ihren Liedern. Während sie der rationalen, abstrakten Sprache unfähig scheint, sich in ihr und durch sie nicht mitteilen kann und dadurch stets wie eine Ausgeschlossene, Abgeschiedene außerhalb des Diskurses steht, findet sie Ausdrucksmöglichkeiten in der Poesie und im Lied.[1] In der Prosa des Romans muß Mignon als Erscheinung, als Inkarnation der Poesie stets eine Fremde, eine Unerklärliche bleiben. Mehr noch: Als Repräsentantin der poetischen Welt geht Mignon in der prosaischen unter.[2]

Von der Fremdheit dieser zwei diametral aufeinandertreffenden Welten – Prosa und Poesie – zeugen die Lieder Mignons, insbesondere das sogenannte »Italien-Lied«. Zunächst fällt die ungewöhnliche Stellung des Liedgedichts innerhalb des Romans auf:[3] Es steht am Anfang eines neuen Buches, zunächst unkommentiert, abgelöst und übergangslos im Text. Das Lyrische ist nicht integriert in die Prosa des Romans. Wie ein Fremdkörper, ein Splitter erscheint das Gedicht, um erst nachträglich auf umständliche Weise in die Zeitenfolge des Romans eingeordnet zu werden. Das Gedicht als solches steht also außerhalb der Zeit des Romans. Es ist, als ob eine wesensmäßig fremde Welt in das geordnete System des Romans einbricht

---

[1] »Nur wenn sie den Mund zum Singen auftat, wenn sie die Zither rührte, schien sie sich des einzigen Organs zu bedienen, wodurch sie ihr Innerstes aufschließen und mitteilen konnte.« Ehrhard Bahr (1982): Wilhelm Meisters Lehrjahre. Stuttgart. Zitate aus dieser Ausgabe erfolgen ab jetzt als Kurzbeleg im Text.

[2] Vgl. Hannelore Schlaffer (1980): Wilhelm Meister. Das Ende der Kunst und die Wiederkehr des Mythos. Stuttgart. Nach Schlaffer gehen Mignon und der Harfner »unter in der rationalen Welt der Turmgesellschaft, die auf Verstand, auf Organisation und ökonomische Effektivität setzt.« (S. 5) »Beide Figuren sind zugleich Repräsentanten einer untergehenden poetischen Welt in einer prosaischen.« (S. 40) Jedoch siege »in den versteckten mythologischen Bildern [...] endlich doch die Poesie über die Prosa.« (S. 5)

[3] Vgl. Katharina Jeorgakopulos (1992): Mignons Passionsgeschichte. Untersuchung zur Figur der Mignon in Goethes »Wilhelm Meisters Lehrjahre«. Wissenschaftliche Hausarbeit, FB Sprachwissenschaften, Hamburg, S. 28.

oder ihr vorausliegt. Dies bringt Verwirrung mit sich: Wilhelm glaubt »nach Verlauf einiger Stunden« (148) den Harfenspieler zu hören, um dann eine Zither und erst hierauf Mignons Stimme zu erkennen. Erst an dieser Stelle wird die Vortragende des Liedgedichts namentlich benannt. Vorher ist die Frage »Wer spricht?« dem Scharfsinn des Lesers überlassen.

Kennst du das Land, wo die Zitronen blühn,	a
Im dunkeln Laub die Goldorangen glühn,	a
Ein sanfter Wind vom blauen Himmel weht,	b
Die Myrte still und hoch der Lorbeer steht,	b
Kennst du es wohl?	c
Dahin! Dahin	d
Möcht ich mit dir, o mein Geliebter, ziehn!	d
Kennst du das Haus, auf Säulen ruht sein Dach,	e
Es glänzt der Saal, es schimmert das Gemach,	e
Und Marmorbilder stehn und sehn mich an:	f
Was hat man dir, du armes Kind, getan?	f
Kennst du es wohl?	c
Dahin! Dahin	d
Möcht ich mit dir, o mein Beschützer ziehn!	d
Kennst du den Berg und seinen Wolkensteg?	g
Das Maultier sucht im Nebel seinen Weg,	g
In Höhlen wohnt der Drachen alte Brut,	h
Es stürzt der Fels und über ihn die Flut:	h
Kennst du ihn wohl?	c
Dahin! Dahin	d
Geht unser Weg; o Vater, laß uns ziehn!	d

I. Makrostruktur

Das Liedgedicht besteht aus drei Strophen mit jeweils sieben Zeilen. Der auftaktige, alternierende (jambische) Vers ist fünfhebig und endet stets in einer männlichen Kadenz: »glühn«, »weht«, »Dach«. Nach der zweiten Hebung läßt sich eine Zäsur ausmachen, die den jeweiligen Vers in zwei asymmetrische Hälften teilt. Aus diesem Grund könnte man das vorliegende Liedgedicht als »Vers Commun«, also als eine romanische Versform kennzeichnen. Das durchgehend auftaktig alternierende Metrum – ein regelmäßiger Wechsel von Hebung und Senkung – wird zu Beginn jeder Strophe variiert, indem hier anstelle des Schemas Senkung – Hebung – Senkung – Hebung (»Kennst du das Land«) eine Hebung mit folgender Doppelsenkung und Hebung eingefügt wird, so daß die Wörter »Kennst« und »Land« eine sinngerechte Betonung erfahren. Die Versgrenze kann als gefugt bezeichnet werden, weil sich die Alternation über diese hinweg regelmäßig fortsetzt – Hebung am Versende, Senkung am Versanfang – und so zu einer fortlaufenden, dynamischen Bewegung innerhalb des Gedichts beiträgt. Die fünfte bis siebte Zeile jeder Strophe stellt einen leitmotivartigen Refrain dar, der in der dritten Strophe variiert wird. Zur Grobstruktur des Liedgedichts kann weiter gesagt werden, daß es sich durchgehend um Paarreime handelt, die teilweise rein: »blühn« – »glühn«; »Brut« – »Flut«, teilweise aber auch unrein sind: »Dahin« – »ziehn«; »Dach« – »Gemach«. Die fünfte Zeile jeder Strophe ist eine sogenannte Waise, da sie sich in ihrem Versende mit keinem anderen Wort reimt. Die sechste Zeile innerhalb jeder Strophe ist gegenüber den übrigen unverkürzten, vollständigen Versen brachykatalektisch, das heißt, sie ist mit ihren zwei Hebungen gegenüber den sonst fünfhebigen Versen unvollständig.

Insgesamt fällt auf, daß das Liedgedicht aus einem sehr hohen Anteil an Fragen und auch Aufforderungen gegenüber den weniger vorhandenen Aussagesätzen besteht. Dies läßt vielleicht Rückschlüsse auf den recht hohen Grad an Emotionalität und Ausdruck zu, welchen das Gedicht an sich schon enthält und welcher noch einmal durch die besondere Vortragsweise Mignons unterstützt wird. Vielleicht deutet die hohe Anzahl an Fragen und Aufforderungen jedoch auch auf die Art und das Wesen Mignons hin: Sie ist das rätselhafte, unerklärbare Wesen, das auch durch noch so viele Fragen und Deutungsversuche – zum Beispiel von seiten Wilhelms – schwer zu greifen und zu begreifen ist, ein »Naturwesen«, dem man durch Verstand und Reflexion nicht wirklich nahe kommen kann, da es sich diesen Begriffen entzieht und unter ihrer Anwendung entgleitet. Zudem erscheint Mignon immer wieder selbst in der Rolle der Fragenden.

Auffällig ist die Anordnung des Verses »Was hat man dir, du armes Kind, getan?« im Zentrum des Gedichts. In der Mitte stehend, wird der Vers von jeweils zehn Zeilen umrahmt, und durch die häufige Anwendung zweier stilistischer Mittel, der Assonanz und der Alliteration, hervorgehoben: »Was hat man dir, du armes Kind, getan?«

Daß es sich hier scheinbar um den Kern des Gedichts, zumindest jedoch um eine zentrale Stelle handelt, macht auch der im Gedicht einmalige Tempuswechsel vom Präsens zum Perfekt deutlich. Während bisher Mignon die Fordernde und Weiterweisende war, indem sie Wilhelm Fragen und die

Bitte zum Aufbruch gestellt hat, wird sie hier zum einzigen Mal selbst befragt. Auf die besondere Bedeutung dieses Verses wird also durch seine Stellung oder Anordnung im Gedicht, durch stilistische Mittel, durch den häufig auftretenden Reim der Assonanz, durch die grammatikalisch-syntaktische Form und durch die »umgedrehte« Ansprache Mignons vielfältig verwiesen.

Der Inhalt dieses Verses – Was hat man Mignon angetan? Welches Leid und warum hat man es ihr angetan? – könnte ein Hinweis sein auf das langsame Ausschalten Mignons, das in ihrem Tod kulminiert. Als Repräsentantin der untergehenden Poesiewelt wird sie aus dem Text gedrängt. Da sie nicht in die Formen rationaler, prosaischer Sprache zu zwängen ist, wird sie als Bedrohung erfahren und abgewehrt.[4] Ihre Versuche, sich über Wilhelm in diesem Leben »einzuwurzeln«, scheitern.[5] Auch er kann – oder will? – ihr nicht genügend Halt vermitteln.

II. Mikrostruktur

Mit dem Liedgedicht zeichnet Mignon ein »Bild«, welches in seltsam unbestimmter Weise Phantasie, Traum und Wirklichkeit miteinander verbindet. Erinnerungen an ihre Vergangenheit, an die Landschaft, in der sie ihre ersten Lebensjahre verbracht hat, vermischen sich mit ihren aus der gegenwärtigen Situation heraus geborenen Wünschen und Empfindungen.

Orangen und Zitronen

> Kennst du das Land, wo die Zitronen blühn,
> Im dunkeln Laub die Goldorangen glühn,
> Ein sanfter Wind vom blauen Himmel weht,
> Die Myrte still und hoch der Lorbeer steht,
> Kennst du es wohl?
> Dahin! Dahin
> Möcht ich mit dir, o mein Geliebter, ziehn!

---

[4] Vgl. Katharina Jeorgakopulos (1992): Mignons Passionsgeschichte, S. 69.
[5] Vgl. Hannelore Schlaffer (1980): Wilhelm Meister, S. 50f.. Schlaffer ist in diesem Punkt gegensätzlicher Ansicht. Der Tod Mignons sei Ausdruck eines freien Willensaktes, einer Entscheidung Mignons, sich dem Zugriff einer ihr wesensfremden Welt zu entziehen. Mignons Untergang erscheint somit als Verweigerung, sich an die prosaische Ordnung anzupassen.

In dieser ersten Strophe zeichnet Mignon eine Art Naturbild, das zum einen durch seine südliche, mediterrane Vegetation und zum anderen durch eine nahezu paradiesisch anmutende Stimmung gekennzeichnet ist. Durch die Beschreibung der Landschaft und das Wissen über Mignons ursprüngliche Herkunft sowie durch etwaiges Zusatzwissen über Goethes Italienbeschreibungen – zum Beispiel Goethes »Italienische Reise« – könnte man dazu neigen, diesem Naturbild eine bestimmte geographische Situierung zu geben und *Italien* als Land der Sehnsucht Mignons auszumachen.[6] Zugleich stellt die erste Strophe aber einen arkadischen Hain, einen paradiesischen, sorglosen, glücklichen Zustand und damit einen literarischen Topos, den *locus amoenus* dar.

Eine Lesart, die Italien als Symbol oder als Mignons spezifischen Kode für diese arkadische, paradiesische Szenerie versteht, scheint angemessen zu sein: Mignon sehnt sich aus ihrem jetzigen leidvollen Zwischenzustand als unverstandene, hermaphroditische »Außer-ordentliche«[7] heraus in eine unbeschwertere, glücklichere Situation, die sie vielleicht als Kind einmal in ihrer Heimat erfahren hat. Jetzt besitzt diese Erinnerung eher traumhafte, paradiesische, räumlich und zeitlich entfernte, unerreichbare Züge.

---

[6] Vgl. Oskar Seidlin (1950): Zur Mignon-Ballade. In: Euphorion 45 (1950), S.84f. Seidlin mahnt zur Vorsicht, Mignons Lied auf eine Sehnsucht zu reduzieren, die sich *allein* auf das Land Italien richtet und andere Wünsche und Träume Mignons, die hierin möglicherweise genauso mitschwingen, ignoriert: »Italiensehnsucht? – gewiß; [...] Mignons Ausruf 'Italien!' (ist) weniger eine Bestätigung als ein träumerisches Nachsinnen, kein 'ja', sondern ein 'vielleicht', ein vager Versuch, in sich selbst auszutasten, ob dieses Wort, das sie Wilhelm nachspricht, wirklich eine Antwort ist auf ihre Sehnsucht, aus der das Lied geboren wurde.« Herman Meyer versucht dagegen in direkter Bezugnahme auf Seidlins Aufsatz die zu verschwinden drohende Annahme einer realen Beziehung des Liedes zu Italien Einhalt zu gebieten. Vgl. Herman Meyer (1952): Mignons Italienlied und das Wesen der Verseinlage im Wilhelm Meister. Versuch einer gegenständlichen Polemik. In: Euphorion 46 (1952), S. 149-169. Werner Roß bemerkt hierzu: »Der Hinweis Mignons auf ihr Elternhaus und auf den Weg dorthin mag der Anlaß zum Lied sein, aber sicher nicht sein Sinn.« Über den geographisch festgelegten Ort in Italien hinaus sei »der alte Dichtertraum von einem Zaubergarten, einem Wunderort, einer Feeninsel« gemeint. Werner Roß (1951/52): Kennst du das Land, wo die Zitronen blühn? Zur Vorgeschichte einer Goethe-Strophe. In: Germanisch-romanische Monatsschrift 33 (1951/52), S. 187.

[7] Vgl. Katharina Jeorgakopulos (1992): Mignons Passionsgeschichte. S. 13. Dies ist einer der zentralen Gedanken dieser Arbeit. Die Autorin schreibt: »Sie (Mignon, M.C.) bleibt durch ihre Unbestimmtheit in Geschlecht, Alter, Name, Herkunft der gesellschaftlichen Ordnung außen vor.« Mignons Androgynie korrespondiere mit dem Zustand der »Unbestimmtheit und des Dazwischenseins« (S. 1).

Mit der Vegetation – Zitronen, Orangen, Myrte und Lorbeer[8] – werden Pflanzen genannt, die eine Eigenschaft gemeinsam haben: Sie sind immergrün. Die Besonderheit der Orangen und Zitronen liegt im zeitgleichen Auftreten von Blüte und Frucht. Kein vergehendes Element trübt die paradiesische Szenerie, sondern Fruchtbarkeit, Dauer und Ewigkeit sind die vorherrschenden Charakteristika. Dem Lorbeer wird seit der Antike noch ein anderer Wert zugesprochen: Er ist die Pflanze des Siegeskranzes, des Ruhms sowie die Pflanze des Apollo. Als Gott des Gesanges und der Muse ist Apollo auch Schutzpatron der Dichtung.[9]

Die Myrte gewinnt ihre besondere Relevanz als Symbol für Jugend und Schönheit, gilt sie doch als Pflanze der Venus. Darüber hinaus wird der jungfräulichen Braut heute noch der Hochzeitskranz aus Myrte geflochten. Das Grimmsche Wörterbuch spricht von der Myrte als Sinnbild der Liebe und des Brautstandes. Als Baum oder Strauch komme das orientalische Ziergewächs in »Schilderungen südlicher oder paradiesischer Landschaften«[10] vor. Dies erklärt vielleicht auch das Adjektiv »hoch« in bezug auf den Lorbeer: Er kommt nicht nur als relativ niedriger Strauch vor, sondern kann sich ebenfalls zu einem meterhohen imposanten Baum auswachsen.[11] Die Myrte steht aber auch für etwas, was man nicht so genau weiß: das paradiesisch Verklärte.

Die erste Strophe ist durch eine ungeheure Farbintensität gekennzeichnet. Mit dem Gelb der Zitronen, dem Orange der Apfelsinen, dem Blau des Himmels und dem Weißgelb bzw. Grün der Myrte und des Lorbeers sind die Grundfarben gegeben, aus denen sich durch assoziative Mischung eine vielfältige Komposition, Farben in allen Tönen und Nuancen herstellen lassen. Wie zufällig ergeben diese Töne auch die Farben des Regenbogens.

Durch das Attribut »dunkeln« in der zweiten Zeile der Strophe wird ein Kontrast geschaffen, der das Glühen der Orangen noch stärker zum Ausdruck bringt. Das neugebildete und daher ungewöhnliche Kompositum »Goldorangen« in Verbindung mit dem für die Beschreibung einer Frucht

---

[8] Für ausführlichere Informationen über die literarische Verwendung von Myrte und Lorbeer von der Antike bis ins 18. Jahrhundert: vgl. Werner Roß (1951/52): Kennst du das Land, wo die Zitronen blühn? S. 174-179.
[9] Vgl. Michael Grant, John Hazel (1976): Lexikon der antiken Mythen und Gestalten. München, S. 60.
[10] Jacob und Wilhelm Grimm (1984): Deutsches Wörterbuch. Bd. 12. Leipzig, S. 2845.
[11] Johanna Lienhard (1978): Mignon und ihre Lieder, gespiegelt in den Wilhelm Meister-Romanen. Zürich, München, S. 32. Lienhard glaubt, daß »hoch« »ein Zeichen für die Gepflegtheit der Bäume auf den Gütern von Mignons Verwandten« ist. Spekulativ bleibt dabei jedoch, ob hier überhaupt ein geographisch so genau festlegbarer Ort wie die Güter von Mignons Verwandten gemeint ist.

nicht weniger ungewöhnlichen Verb »glühn« wird durch ein stilistische Mittel der Alliteration hervorgehoben. Durch das Verb »glühn« wird die Natur zum Feuerwerk; durch das Kompositum »Goldorangen« wird sie veredelt zur Kunst. Natur und Kunst sind eins. Die Identität von Natur und Kunst spiegelt sich in Mignons ästhetischem Konzept wieder. Natur und Kunst vermischen sich in dieser Strophe, so wie bei Mignon als Hermaphrodit sich männliche und weibliche Züge mischen.[12]

Vielleicht deutet diese Zeile aber auch auf das »Machen« von Natur oder auf Natur *als Gemachtes* hin. Denn indem sie durch den Filter des Menschen wahrgenommen wird, wird sie reproduziert, ver-dichtet. Natur »ist« nur, sofern sie gemacht ist. Die goldenen Früchte erinnern auch an Hesperiden, Nymphen, die in einem Garten den Baum mit den goldenen Äpfeln hüten. Hesperien ist die antike Bezeichnung für Italien.[13]

Doch nicht nur der visuelle Sinn des Lesers ist angesprochen. Durch die pulsierende, eindringliche Schilderung des Dichters glaubt man auch den Geruch der Früchte und Pflanzen wahrzunehmen – den würzigen Duft der Lorbeeren im Kontrast zu dem lieblich-fruchtigen Duft der Orangen – und den Geschmack zu erfahren. All dies sind starke sinnliche Reize, die den Leser betören. Betörende, einnehmende, sinnliche Wirkung hat auch Mignon auf Wilhelm, wenn sie ihm ihr Wesen im Tanz oder in Liedgedichten offenbart. Hieraus kann sich Wilhelm nur dann retten, wenn er rationalisiert und deutet, das heißt: ihr Wesen auf ein Maß, auf einen überschaubaren Nenner bringt. In unserem Fall verschiebt er seine Bezauberung – wir werden es noch sehen – auf das Interesse, den rationalen Gehalt des Liedes zu verstehen, aufzuschreiben und zu übersetzen.

---

[12] Vgl. Katharina Jeorgakopulos (1992): Mignons Passionsgeschichte. S. 6 f., 13, 30. Vgl. auch: Achim Aurnhammer (1986): Androgynie. Studien zu einem Motiv in der europäischen Literatur. Köln, S. 166 ff.

[13] Roß, Werner (1951/52): Kennst du das Land, wo die Zitronen blühn? S.179. Roß erläutert die Beziehung zwischen den hier aufgeführten Orangen und Zitronen und den goldenen Äpfeln der Hesperiden auf folgende Weise: »Von den Südfrüchten war den Griechen und Römern nur die Zitrusfrucht [...] bekannt; [...] die Portugiesen schließlich führten im 16. Jahrhundert die süße Orange oder Apfelsine aus Hinterindien nach Europa. Aber längst, ehe man diese Früchte kannte oder anbaute, hatte die mythische Phantasie sie vorgebildet: in den goldenen Äpfeln der Hesperiden.[...] Die drei Bücher, die der Humanist Pontanus auf den Spuren der 'Georgica' dem Anbau der Südfrüchte widmete, heißen 'De hortis Hesperidum' [...] Die irrtümliche Worterklärung des Salmasius, die das aus dem Arabischen stammende Wort 'Orange' von 'aurantia' zu 'aurum' ableitete, unterstützte die Gleichsetzung mit den mythischen Goldäpfeln.«

Durch Assonanz wird auf die attributiv gebrauchten Adjektive »s*a*nfter« und »bl*a*uen« aufmerksam gemacht. Durch ersteres entsteht eine ruhige, leichte Bewegtheit, letzteres verweist in der Kombination »vom blauen Himmel« auf ein weiteres Element des Glücks, des freien, befreiten Zustands. Moderate Dynamik wird durch die über die Alliteration miteinander verbundenen Wörter »*W*ind [...] *w*eht« in der dritten Zeile ins Gedicht gebracht. Sie bilden den Ausgleich und halten die Balance in der sonst unbewegten, Zustände beschreibenden ersten Strophe: »Die Myrte *s*till und hoch der L*o*rbeer *s*teht«. Auch in dieser vierten Zeile bilden Assonanz und Alliteration die stilistischen Mittel zur besonderen Betonung.

Die fünfte Zeile »Kennst du es wohl?« bildet einen Refrain zur jeweils ersten Zeile jeder Strophe. Sie wiederholt anaphorisch die ersten zwei Wörter jeder Strophe, einem Anfangskehrreim gleich. Gerade durch die Wiederholung wirkt die Frage sehr eindringlich und nachdrücklich. Die direkte Ansprache Wilhelms wird hier auf die Spitze getrieben: Er soll Mignons Leiden, ihre Sehnsucht und ihre Liebe zu ihm erkennen. Nicht zuletzt ist die Eindringlichkeit[14] dieser Ansprache formal durch den Waisen-Status als nicht-reimender Vers hervorgehoben. Das Wort »wohl«, welches wahrscheinlich *gut* meint, reiht sich durch die Assonanz auf dem Vokal *o* in die Reihe der Pflanzen »Zitr*o*nen«, »G*o*ld*o*rangen« und »L*o*rbeer« ein.

Die unvollständige sechste Zeile jeder Strophe weist als einzige ein Enjambement auf. Nicht nur durch den verkürzten, zweihebigen, alternierenden Vers, sondern auch durch die besondere drucktechnische Plazierung des anaphorisch wiederholten Wortes »Dahin« scheint auch diesem Vers eine besondere Relevanz zuzukommen: Es ist, als ob hier eine Zweideutigkeit vorliegt, dahin gehend, daß dieses Wort nicht nur Ausdruck von Mignons unstillbarer Sehnsucht nach einem paradiesähnlichen Zustand ist, den sie einmal in ihrer Kindheit erfahren hat. Die Wiederholung – »Dahin, dahin« – könnte auch als erkennender Ausruf gelesen werden, daß dieser paradiesische Zustand einer nicht mehr zu erreichenden Vergangenheit angehört, also »dahin« ist: weg.[15]

Zum sinnlichen, betörenden Ausdruck der ersten Strophe paßt die Ansprache Wilhelms als »Geliebter«. Sie zeigt Mignon damit in einer harmonischen, vollkommenen und spannungsfreien Einheit mit der Natur.

---

[14] Mignon erscheint nicht nur an dieser Stelle, sondern das gesamte Lied hindurch als hartnäckig Fragende, Fordernde und Weiterweisende, als drängende und treibende Kraft. Vgl. hierzu Johanna Lienhard (1978): Mignon und ihre Lieder. S. 33.
[15] Vgl. Brita Reimers (1992): Untersuchung zur Mignon-Figur in Goethes Wilhelm Meisters Lehrjahre. Wissenschaftliche Hausarbeit, FB Sprachwissenschaften, Hamburg, S. 26.

Eine solche Einheit strebt sie vielleicht auch mit Wilhelm an, den sie liebt und der ihr als einziger eine Verwurzelung in diesem Leben ermöglichen könnte[16]. Insofern stellt das Liedgedicht auch eine Annäherung an Wilhelm dar, da sie sich hierin ihm offenbart, ihr Wesen schutzlos und verletzbar offenlegt. Der Erfahrung – oder auch nur der Fiktion, dem Traum? – der vollkommenen Symbiose mit der Natur in der ursprünglichen Heimat entspringt vielleicht auch der nicht zu realisierende und deswegen utopische Wunsch, diesen glücklichen Zustand durch die Liebe mit Wilhelm wieder zu beleben und zurück zu holen.

Säulen, Saal, Gemach

> Kennst du das Haus, auf Säulen ruht sein Dach,
> Es glänzt der Saal, es schimmert das Gemach,
> Und Marmorbilder stehn und sehn mich an:
> Was hat man dir, du armes Kind, getan?
> Kennst du es wohl?
>   Dahin! Dahin
> Möcht ich mit dir, o mein Beschützer ziehn!

Die zweite Strophe zeigt im Gegensatz zur ersten keine natürliche, sondern eine von Menschenhand artifiziell errichtete Lebenssituation in einem palastartigen Gebäude. Durch die charakteristischen Elemente wie »Säulen«, »Saal«, »Gemach« und »Marmorbilder«, die durch Assonanz hervorgehoben sind, erhält das vom Dichter als »Haus« bezeichnete Gebäude einen vornehmen, künstlerischen, villenähnlichen Charakter. Kunst, die in dieser Strophe durch die Architektur des Palastes und insbesondere durch die Erstellung der Marmorbilder zum Vorschein kommt und deswegen als Kunstfertigkeit, also als menschliches Vermögen bezeichnet werden muß, tritt hier nicht zusammen mit der Natur auf, sondern ist von ihr abgetrennt. Natur und Kunst sind nicht länger identisch. Die Trennung von Natur und Kunst spiegelt sich in der zunehmenden inneren Spaltung Mignons wieder: Nie ganz zugehörig zu der Wilhelmschen Welt, musikalisch und dichterisch begabt, eine andere Sprache sprechend, einer poetischen, mythischen Welt angehörig, ist ihr eine »normale« menschliche

---

16 Vgl. Johanna Lienhard (1978): Mignon und ihre Lieder. S. 35: »Wilhelm wäre für Mignon eine der beiden Möglichkeiten gewesen, sich auf Erden wahrhaft anzusiedeln, wie wir aus dem Bericht des Arztes und Nataliens erfahren. Aber dem Genius der Poesie ist kein fester Sitz gegeben. Mignon kann sich deshalb auf der Erde nicht einwurzeln.«

Existenz verunmöglicht. Immer mehr entzweit sich Mignon von der ursprünglichen, vielleicht nur erträumten Einheit mit der Natur, in der Glück und Harmonie vorherrschten. Immer mehr wird sie zur Leidenden, die aus der Symbiose mit der Natur vertrieben und verdrängt wird bis hin zum Tod. Insofern kann die zweite Strophe auch mit dem Begriff des Todes in Verbindung gebracht werden.

Im Gegensatz zur Landschaft der ersten Strophe, die der Sonne und Wärme des mediterranen Klimas ausgesetzt ist, scheint hier die Kühle, die Kälte vorzuherrschen. Während die erste Strophe eine Farbexplosion darstellt, Geruchs-, Geschmacks- und visueller Sinn angesprochen sind, reduzieren sich die Sinneseindrücke in der zweiten Strophe auf ein Minimum. Das Weiß der Säulen und der Marmorbilder scheint die bestimmende Farbe zu sein. Dabei ist es jedoch dem Empfinden des Lesers überlassen, wie er diese Umgebung bewertet. Denn die vom Haus gespendete Kühle kann in der Hitze des Südens durchaus als angenehm empfunden werden, das Symbol des von Säulen getragenen Daches vermittelt den Eindruck von Stärke und Standhaftigkeit. Die Säulen besitzen stützende, tragende Funktion. Dem Menschen dient sein Haus im allgemeinen als Aufenthaltsraum, als Rückzugs- und Zufluchtsstätte, in der er sich erholen kann. Auch die Verben »ruhen« und »stehen« vermitteln Sicherheit, Schutz und Geborgenheit. In diesen Kontext paßt auch die Bezeichnung Wilhelms als »Beschützer«. Immerhin hatte er Mignon aus den Händen des Entführers gekauft und sie somit befreit.

Dennoch ist auch eine Lesart dieser Strophe möglich, die diesen eingegrenzten, begrenzten Raum als einen dem Wesen Mignons nicht entsprechenden Bereich kennzeichnet. Seit ihrer Entführung aus Italien ist Mignon niemals mehr seßhaft gewesen. Ein Haus jedoch stellt das Domizil eines Menschen dar, der einen festen, steten Wohnsitz zum Leben benötigt. Zum anderen schafft die Kühle des Gebäudes sowie die reduktionistische Verwendung von sinneserregenden oder sinnesbetäubenden Elementen die ideale Umgebung für ungestörte, unabgelenkte Reflexion, für Klarsicht und kühlen Verstand. Genau dies sind aber Termini, die nicht auf Mignon,[17] sondern auf alle übrigen Figuren der prosaischen Welt zutreffen.

---

[17] Vgl. hierzu Herman Meyer (1952): Mignons Italienlied. S. 166: »Die offenbare Sonderstellung dieser beiden in irrationalem Glanz aufleuchtenden Wesen (Mignon und der Harfner, M.C.) innerhalb der immer mehr rational gebändigten Welt des Romans ist [...] eingehend erörtert worden.«
Vgl. hierzu Brita Reimers (1992): Untersuchung zur Mignon-Figur. S. 30: » [...] der naturhaften Mignon (ist) Reflexion und damit die Darstellung von Symbolwelten nicht möglich.«

Ungewöhnlich erscheint die Zuordnung der Verben »stehn« und »sehn« als aktive Tätigkeiten der Marmorbilder. Indem ihnen die menschlichen Tätigkeiten des Sehens und des Fragens zugesprochen werden und sie somit beinahe wie zum Leben erwachende, versteinerte Götter der antiken Vergangenheit erscheinen, werden sie personifiziert. Mehr noch: Durch ihre im Zentrum des Gedichts stehende Frage »Was hat man dir, du armes Kind, getan?« scheinen sie als einzige mitfühlenden Anteil an Mignons Schicksal zu nehmen.[18] Kunst in Form von Marmorbildern erwacht hier zum Leben, zu lebender Kunst. Kunst und Leben sind eins, zumindest für Mignon, die selbst die Dichtkunst verkörpert. Mignon strebt diesen Zustand, der durch Einheit geprägt ist, an, will ihn reanimieren. Zugleich besagt das Gedicht, daß dieser Zustand vergangen, vielleicht unwiederbringlich verloren ist.

Der Binnenreim der Wörter »stehn und sehn« in der dritten Zeile besitzt hierbei ein leicht retardierendes Moment. Die Statik und Bewegungslosigkeit dieser Strophe wird auf diese Weise durch die Verben sowie den Binnenreim betont. »Sehen« und »fragen« können darüber hinaus als Tätigkeiten verstanden werden, die das Ziel haben, einen Sachverhalt rational zu begreifen und zu erfassen. Daß diese Begriffe den Marmorbildern, sprich der Kunst zugeordnet werden, zeigt, wie sehr der von Mignon zurückersehnte Zustand bereits untergegangen oder auf immer verloren zu geben ist.

Nebel, Fels, Flut

> Kennst du den Berg und seinen Wolkensteg?
> Das Maultier sucht im Nebel seinen Weg,
> In Höhlen wohnt der Drachen alte Brut,
> Es stürzt der Fels und über ihn die Flut:
> Kennst du ihn wohl?
> Dahin! Dahin
> Geht unser Weg; o Vater, laß uns ziehn!

Die dritte Strophe hebt sich von den beiden vorhergehenden ab. Einen besonders starken Kontrast scheint sie zur ersten Strophe zu bilden. Es wird zwar wieder eine Naturlandschaft dargestellt. Diese zeichnet sich jedoch nicht durch ihren lieblich-paradiesischen, harmonischen, sorglosen Charakter aus wie in der ersten Strophe, sondern strahlt mit ihren Elementen »Berg«, »Höhle«, »Fels«, »Flut« eine schroffe, karge, ursprüngliche,

---

[18] Zur besonderen Bedeutung dieses Verses vgl. das Ende von Kap. I: Makrostruktur.

mächtige Atmosphäre aus. In dieser Landschaft sucht sich ein Maultier im Nebel den Weg, wie wir aus der zweiten Zeile erfahren. Die Sterilität dieses Tieres deutet auf die unfruchtbare, wilde Natur hin, die darüber hinaus durch mythische Kräfte wie Drachen geprägt ist. Kein Lichtstrahl dringt mehr in diese dunkle, mächtige Ursprungslandschaft, vielmehr herrscht die Undurchsichtigkeit und Farblosigkeit des Nebels vor. Ein rationales und aufgeklärtes Sehen wie in der zweiten Strophe ist hier nicht mehr möglich, vor Nebel ist man nahezu blind oder »wie benebelt«.

Die ersten zwei Verse sind durch Assonanz besonders gekennzeichnet und daher zusammengehörig. Ein ungewöhnliches, neugebildetes Kompositum wird mit dem Wort »Wolkensteg« eingeführt, das keine eindeutige Lesart zuläßt. Ist es ein Steg, der unendlich ist, der in die Wolken und damit in den Himmel hineinführt? Trägt dieser Steg, wenn er aus Wolken gemacht ist, oder tritt man ins Nichts? Führt der Steg überhaupt irgendwohin? Oder ist dies einfach die poetische Umschreibung eines Berges, der an seiner Spitze von Wolken umgeben ist?

Ähnlich verhält es sich mit dem Nebel: Im Nebel kann man sich verirren, Nebel in den Bergen ist gefährlich, ein Unsicherheitsfaktor. Aber impliziert die zweite Zeile nicht, daß das Maultier seinen Weg nicht nur sucht, sondern mit tierischem Instinkt auch findet?

Auch die Formulierung »der Drachen alte Brut« in der dritten Zeile weist in mehrere Richtungen. Drachen sind mythische Wesen, mit denen der Mensch Gefahr und Unberechenbarkeit assoziiert. Ebenso unberechenbar und unbeherrschbar wie die Drachen ist die in der dritten Strophe beschriebene Natur. Zumindest durch die Ratio und den menschlichen Verstand ist diese pure, rohe Natur nicht mehr kontrollierbar und menschlichen Fähigkeiten unterzuordnen. Auf der anderen Seite befinden sich die Drachen in einem abgegrenzten, eingegrenzten Raum: der »Höhle«. Der Drache tritt hier nicht als Aggressor auf oder als Angreifender in Aktion, was auch durch das einen friedlichen und ausbalancierten Zustand charakterisierende Verb »wohnen« angedeutet. Von ihm geht keine akute Bedrohung aus.

Auffällig ist der Kontrast in der Wortgruppe »alte Brut«. Mit »Brut« werden viel eher die Wörter »neu, jung, neugeboren, Geburt« assoziiert. Das Attribut »alt« scheint in dieser Verbindung also eher widersprüchlich. So kann man die Wortgruppe »alte Brut« als Oxymoron bezeichnen: Sie verknüpft zwei Wörter, die sich im Grunde nicht miteinander vereinbaren lassen. Gegensätzliches mischt sich auf engstem Raum, in zwei Wörtern, zu einer Einheit, wie sich Kontrastierendes in der Figur der Mignon zu einem angestrebten, erträumten, untrennbaren Ganzen mischen: männliche und weibliche, kindliche und fraulich-erotische Züge. Vielleicht soll mittels des Oxymorons auch eine zeitliche Dimension ins Geschehen gebracht werden, die dem mythischen Charakter der Drachen Rechnung tragen könnte. »Alt« könnte aus dieser Perspektive mit »vergangen« oder »vorzeitlich« übersetzt werden.

»Es stürzt der Fels und über ihn die Flut«: Ist damit ein herabstürzender Fels gemeint, über den nach seinem Aufprall Wassermassen zusammenfließen oder ein steil abfallender Fels, über den ein Wasserfall oder ähnliches fällt, wie das Grimmsche Wörterbuch nahelegt?[19] Im ersten Fall erscheint die Landschaft als in sich zusammenstürzende Welt, das Land wird schließlich vom Wasser eingenommen und beherrscht. Ein Chaos oder eine Katastrophe, welche einem (Welt-)Untergang,[20] dem Tod allen Lebens gliche, würde beschrieben werden. Der Vers könnte den Leser an das Fallen des Menschen in den Tod erinnern oder – noch spezifischer – auf Mignons Tod vorausweisen.[21] Aber nicht nur der Untergang, sondern auch die Genesis, der Ursprung, die Geburt allen Lebens könnte so aussehen.

Favorisiert man die zweite Lesart, in der der stürzende Fels als ein jäh abfallender verstanden wird, dann wird dieser Vers lediglich zu einer zusätzlichen Beschreibung der schroffen, mächtigen, imposanten Natur mit ihren landschaftlichen Besonderheiten. Ein Untergangsszenario erscheint unter Einnahme dieses Blickwinkels überpointiert, ja überdeutet.[22] Auch in

---

[19] Jakob und Wilhelm Grimm (1984): Deutsches Wörterbuch. Bd. 12. Leipzig, S. 719.
[20] Oskar Seidlin (1950): Zur Mignon-Ballade. S. 91 f. Seidlin befürwortet die These des Weltuntergangs und fühlt sich bestätigt durch eine Tagebuch-Stelle vom Juni 1775, in der Goethe seinen Eindruck der St. Gotthard-Landschaft beschreibt. Dort heißt es: »Schnee nackter Fels u. Moos u. Sturmwind u. Wolken das Gerausch des Wasserfalls der Saumrosse Klingeln. Oede wie im Thale des Todes - mit Gebeinen besäet Nebel See.«
[21] Johanna Lienhard (1978): Mignon und ihre Lieder. S.40. Lienhard verweist darauf, daß der Begriff »stürzende Wasser« ein Barockemblem des Todes war. Bildhaft betrachtet sie den Fels als einen Halt, »den Mignon auf Erden umsonst sucht« und vergleicht das Bild des stürzenden Felsens mit dem Tod Mignons, der ebenfalls als Sturz realisiert ist (8. Buch, 5. Kapitel, S. 70).
[22] Vgl. Brita Reimers (1992): Untersuchung zur Mignon-Figur. S. 25. Reimers favorisiert eine Lesart, die die Existenz einer Gefahr oder Bedrohung, die durch die Wörter »Nebel«, »stürzender Fels«, »Drachen« etc. angedeutet sein könnte, negiert: »Natur wird als mächtig erlebt, ohne bedrohlich zu sein«; »Das Maultier findet ihn (seinen Weg, M.C.) unfehlbar«; »Auch das Bild des stürzenden Felsens ist weniger angsteinflößend als großartig.« (S. 25) Herman Meyer sieht im »Wasserfall, der über einen steilen, aber in Ruhe beharrenden Felsen herabbraust« gar die »einzig mögliche Auffassung der vierten Zeile«. Vgl. Herman Meyer (1952): Mignons Italienlied. S. 154.

diesem dritten und vierten Vers wird die Assonanz und zusätzlich die Alliteration als stilistisches Mittel der Hervorhebung verwendet: »In Höhlen wohnt der Drachen *alte Brut,/* Es *stürzt* der *F*els *u*nd *ü*ber ihn die *F*lut«.

Für diese pure, ursprüngliche, aber auch erhabene,[23] gewaltige und ausdrucksvolle, imposante Landschaft sind keinerlei Adjektive mehr möglich, um ihren Ausdruck zu steigern. Ihre Wucht ist nicht mehr angemessen darstellbar über Adjektive. Gerade durch die dichterische Reduktion, das Weglassen von Adjektiven, wird hervorgehoben, daß diese Natur *von alleine* spricht und kein Sprachrohr mehr braucht. Sie ist nackt, präsent und unmittelbar. Ihre Macht besteht von alleine: sie ist. In dieser Strophe dominiert der Kontrast von Höhe und Tiefe: Mit einem Berg assoziiert der Leser automatisch ein sehr hohes, großes Element, erst recht mit einem Wolkensteg. Denn der Himmel ist der höchste erkennbare Bereich für das menschliche Auge. Eine Höhle kann sich dagegen zwar überall in oder an einem Berg befinden, doch das Wort an sich weckt bei dem Leser eher die Assoziation der Tiefe und Verstecktheit.

Der Refrain der fünften bis siebten Zeile wird in dieser Strophe auffällig variiert, indem sich nicht nur die Ansprache Wilhelms ändert. Diese jedoch fällt ebenfalls aus dem Rahmen, da ihr nicht wie bisher das Possessivpronomen *mein* vorangeht: »o Vater, laß uns ziehn!« Ist diese Verfremdung ein Hinweis auf die mögliche Zweideutigkeit, die dem Wort in diesem Kontext mitgegeben wurde? Die Bezeichnung »Vater« scheint sich zumindest nicht so reibungslos in die Atmosphäre und Stimmung der Strophe integrieren zu lassen, wie es bei den anderen Strophen der Fall war. Ein Vater hat die Aufgabe, sein Kind zu umsorgen, zu ernähren, zu beschützen, zu erziehen. So wird mit den Wörtern »O Vater« auf das Urbild des sorgenden Vaters, wie es in der Bibel beschrieben ist, verwiesen. Ist davon in dieser Strophe noch etwas zu spüren? Das Maultier muß sich im Nebel allein, ohne Führung seinen Weg suchen. Von Wärme, Schutz und Umsorgung kann kaum gesprochen werden. Mignon wünscht sich, von Wilhelm geliebt zu werden, in Liebe zu ihm alle Trennung, jeden Verlust aufzuheben oder rückgängig zu machen. Wilhelm jedoch flüchtet sich stets

---

[23] Immanuel Kant (1960): Über das Gefühl des Schönen und Erhabenen. In: Wilhelm Weischedel (Hrsg.): Werke in sechs Bänden. Bd. 1, 5. Auflage Wiesbaden, S. 825-868. Kant definiert das Erhabene als »Wohlgefallen, aber mit Grausen«. Es rühre sich bei Anblick »eines Gebirges [...], [...] eines rasenden Sturms« (S. 826). Allerdings bildet das Erhabene dort gerade jene Möglichkeit des Subjekts, sich über die Natur zu erheben.

in ein »Vater-Kind-Modell«,[24] wenn dieses Tabu – die Liebe zu einer in Geschlecht und Identität unbestimmten, jungen Person, einem Hermaphroditen – droht, überschritten zu werden.[25] Ist die Spannung zwischen der Atmosphäre der Strophe und den Konnotationen des Wortes »Vater« ein Hinweis auf Mignons grenzenlose Enttäuschung über Wilhelm?

Der siebente Vers »Dahin geht unser Weg« drückt im Gegensatz zu den vergleichbaren Versen der anderen Strophen keinen Wunsch mehr aus. Er hat vielmehr wissenden, unvermeidlichen, schicksalhaften Charakter. Mignon scheint zu wissen, daß ihre Zukunft in der Vergangenheit liegt: Nur durch die Rückkehr in diese oder durch den Versuch, die jetzigen Zustände in die alten zurückzuformen, scheint ein Überleben für sie möglich. Ihr Leben kann nur in einem auf Einheit mit der Natur und der Kunst basierenden Zustand, den sie ehemals in ihrer Heimat »Italien« erfahren hat, fortgeführt werden. Dieser Zustand ist jedoch in Wilhelms Welt nicht erreichbar, sondern nur in einer fernen, traumhaften, paradiesischen Vision mit regressiven Zügen.

Aus diesem Grunde könnte der Satz »Dahin geht unser Weg« in seiner Doppeldeutigkeit auch darauf hinweisen, daß es keinen Weg mehr in die von Mignon ersehnte Einheit mit der Natur und der Kunst gibt: Der Weg ist weg, er ist nicht mehr begehbar für den Menschen, hat nicht mehr ein vormalig klares Ziel. Auch der Appell »Laß uns ziehn« deutet in diesem Kontext auf ein wegloses Ziehen, auf ein Suchen und Umherirren hin, was schon in der dritten Strophe signalisiert wurde. So wie das Schicksal nicht in geordneten, festen Bahnen verläuft, so bleibt Mignon eine Suchende, Umherirrende auf einem verschwindenden oder nicht mehr begehbaren Weg.

---

[24] Vgl. Katharina Jeorgakopulos (1992): Mignons Passionsgeschichte. Station II, S. 31: »Die scheinbare Rettung findet erst in dem Umtaufen ihrer Beziehung in Vater/Kind statt.«

[25] Brita Reimers (1992): Untersuchung zur Mignon-Figur. S. 65. Als Beleg dafür, daß in Wilhelm erotische Phantasien in Zusammenhang mit Mignon erwachen, die er selbst jedoch als väterliche Gefühle uminterpretiert, führt Reimers folgende Textstelle an: »Er empfand, was er schon für Mignon gefühlt, in diesem Augenblicke auf einmal. Er sehnte sich, dieses verlassene Wesen an Kindesstatt seinem Herzen einzuverleiben, es in seine Arme zu nehmen und mit der Liebe eines Vaters Freude des Lebens in ihm zu erwecken.« (S. 117)

Ausklang

»Melodie und Ausdruck gefielen unserm Freunde besonders, ob er gleich die Worte nicht alle verstehen konnte. Er ließ sich die Strophen wiederholen und erklären, schrieb sie auf und übersetzte sie ins Deutsche. Aber die Originalität der Wendungen konnte er nur von ferne nachahmen; die kindliche Unschuld des Ausdrucks verschwand, indem die gebrochene Sprache übereinstimmend und das Unzusammenhängende verbunden ward. Auch konnte der Reiz der Melodie mit nichts verglichen werden.« (149)

Mittels dieser Passage wird uns erst im Nachhinein verdeutlicht, daß wir einen unvollkommenen, lückenhaften, teilweise zusammengereimten Text aus zweiter Hand vor uns haben. Der Leser hat das Original und die Vortragende weder gehört noch gesehen. Durch die besondere, musikalische Art des Vortrags, durch die Einzigartigkeit und Eigenart von »Melodie und Ausdruck«, besitzt dieses Original einen unnachahmlichen Charakter. Die »gebrochene Sprache« Mignons trägt zur Unübersetzbarkeit ihrer Rede, ihrer Fragen und Aufforderungen bei. Was heißt hier aber »gebrochen«?

Ist es ein mit Elementen verschiedener Sprachen durchflochtener Gesang? Durch ihre nicht restlos zu klärende Herkunft ist Mignons Muttersprache nicht feststellbar. Die Entführung in ein fremdes Land legt nahe, daß Mignon mehr als nur eine Sprache beherrscht.

Verweist das Wort »gebrochen« vielleicht auch auf den Zustand ihrer Seele, welcher sich durch die Art und Weise ihres Vortrags andeutet? Zumindest das Wort »dahin« signalisiert die Sehnsucht nach einem Anderen, Unerreichbaren, von dem sie sich getrennt fühlt. Ist das Gefühl des Getrenntseins Grund für die seelische Gebrochenheit?

Indem Wilhelm die Darstellungsform verfremdet, das heißt das gesungene und mit einer Zither begleitete Lied umformt in ein schriftlich fixiertes Gedicht, muß der Zauber des Vortrags verlorengehen. Wilhelm entzaubert Mignons Gesang und somit auch einen Teil ihres Wesens. Denn im Gesang und im Tanz – so sagt der Roman immer wieder – ist Mignon so sehr sie selbst wie in sonst keiner anderen Ausdrucksform. Er reduziert den mündlichen Vortrag auf geschriebene Wörter und tilgt den liedhaftpoetischen Ausdruck: Wilhelm reduziert Mignon. Wilhelm bedarf einer Erläuterung der Aussagen: »er ließ sich die Strophen [...] erklären«. Die Erläuterung schreibt er nieder. Somit liegt uns genau genommen eine Ausgabe dritter Hand vor: Original – Erläuterung des Originals – Wilhelms Niederschrift der Erläuterungen.

Die Darstellungsform, die Wilhelm zur Wiedergabe wählt, wird vom Roman als eine inadäquate gekennzeichnet. Die Unangemessenheit seiner Wahl korrespondiert mit seinem Nicht-Verstehen dessen, was Mignon singt.

Obwohl oder gerade weil Wilhelm einige Wörter nicht versteht, besteht der Wunsch, das nicht Verstandene zu fixieren und damit wiederholbar, faßbar, begreifbar zu machen. In dem Maße, wie das niedergeschriebene Lied nicht identisch mit dem Gesang ist, ist es eine Interpretation Wilhelms, ein Versuch, Mignons Wesen zu deuten, zu begreifen und festzulegen.

Wir wissen also nicht genau, was mit dem Wort »gebrochen« ausgesagt werden soll. Jemand, der eine fremde Sprache spricht und diese nicht vollkommen beherrscht, macht Fehler, verbindet Worte, die dem Muttersprachler aus den verschiedensten Gründen – stilistischen, thematischen, funktionellen – nicht zusammenzugehören scheinen. Wilhelm »begradigt« diese Unwegsamkeiten, ersetzt Wörter Mignons durch andere, die ihm besser zu passen scheinen. Damit verändert Wilhelm Mignons Aussage nicht nur formal, sondern auch inhaltlich, nicht nur grammatisch, sondern auch in ihrer Bedeutung. Auf diese Weise produziert Wilhelm neue Bedeutungen, die Mignon weder ausgesprochen noch gemeint hat.[26]

Über die bloße Beziehung zwischen Mignon und Wilhelm hinaus wird damit von dieser Passage das Verhältnis von Schrift, Sprache und Sprechen thematisiert. Der Roman gibt zu bedenken, daß wir – sofern wir sprechen – uns immer schon von den ursprünglichen Sachen und Empfindungen entfernt haben. Für unsere Gefühle, unsere komplexe Wahrnehmung läßt sich kein deckungsgleiches Abbild in der Sprache finden.[27] Wir erleben diese Situation immer dann, wenn wir nach Wörtern suchen, um einen Gefühlszustand oder einen Gedanken zu formulieren, aber kein Wort wirklich zu passen scheint.

Der Versuch, den ursprünglichen »Text« in Worte zu fassen, kann also nur näherungsweise gelingen. So, wie die ursprüngliche Sache nur mangelhaft durch die Sprache wiederzugeben ist, können wir auch der ursprünglichen Mignon niemals habhaft werden. Alles, was von ihr bleibt –

---

[26] Oskar Seidlin (1950): Zur Mignon-Ballade. S. 88. Seidlin geht weit über meine Annahmen hinaus. Seine These besagt, daß Mignons Lied überhaupt keinen Sprachleib habe, »nicht die Vision Italien, sondern die Vision ganz anderer Bereiche, gefährlich musikalischer Bereiche, in denen es den logos, das Wort, nicht gibt, ein dämonisch Geheimnisvolles ohne 'Übereinstimmung' und 'Verbundenheit', ein chaotisches Ur« sei.

[27] Vgl. Friedrich Nietzsche (1988): Über Wahrheit und Lüge im außermoralischen Sinne. In: Kritische Studienausgabe. Hrsg. v. Giorgio Colli und Mazzino Montinari. Bd. 1, 2. Auflage, München, S. 878. Eine Hauptfrage Nietzsches lautet: »Decken sich die Bezeichnungen und die Dinge? Ist die Sprache der adäquate Ausdruck aller Realitäten?« Als Antwort hierauf kann der folgende Satz gelten: »Das volle Wesen der Dinge wird nie erfaßt« Friedrich Nietzsche (1966): Werke. Hrsg. v. Karl Schlechta. Bd 3. München, S. 248.

und woran wir uns als einziges halten können – sind die Wörter des Liedgedichts, eines Imitats, dessen Original wir niemals erfahren haben.

Literatur

Adorno, Theodor W. (1994): Noten zur Literatur. Hrsg. v. Rolf Tiedemann. 6. Aufl. Frankfurt am Main.
Aurnhammer, Achim (1986): Androgynie. Studien zu einem Motiv in der europäischen Literatur. Köln.
Bahr, Ehrhard (Hrsg.) (1982): Wilhelm Meisters Lehrjahre. Stuttgart.
Braak, Ivo; Neubauer, Martin (1990): Poetik in Stichworten. Literaturwissenschaftliche Grundbegriffe. Eine Einführung. 7. Aufl. Unterägeri.
Burdorf, Dieter (1997): Einführung in die Gedichtanalyse. 2. Aufl. Stuttgart, Weimar.
Grant, Michael, Hazel, John (1976): Lexikon der antiken Mythen und Gestalten. München.
Grimm, Jacob/Wilhelm (1984): Deutsches Wörterbuch. Bd.12. Leipzig 1885.
Jeorgakopulos, Katharina (1992): Mignons Passionsgeschichte. Untersuchung zur Figur der Mignon in Goethes Wilhelm Meisters Lehrjahre. Hamburg.
Kant, Immanuel (1960): Über das Gefühl des Schönen und Erhabenen. In: Wilhelm Weischedel (Hrsg.): Werke in sechs Bänden. Bd.1. 5. Aufl. Wiesbaden, S.825-868.
Lienhard, Johanna (1978): Mignon und ihre Lieder, gespiegelt in den Wilhelm Meister-Romanen. Zürich, München.
Meyer, Herman (1952): Mignons Italienlied und das Wesen der Verseinlage im Wilhelm Meister. Versuch einer gegenständlichen Polemik. In: Euphorion 46 (1952), S. 149-169.
Nietzsche, Friedrich (1988): Über Wahrheit und Lüge im außermoralischen Sinne. In: Kritische Studienausgabe. Hrsg. v. Giorgio Colli und Mazzino Montinari. Bd.1. 2. Aufl. München, S.873-890.
Nietzsche, Friedrich (1966): Werke. Hrsg. v. Karl Schlechta. Bd.3. München.
Reimers, Brita (1992): Untersuchung zur Mignon-Figur in Goethes Wilhelm Meisters Lehrjahre. Hamburg.
Roß, Werner: Kennst du das Land, wo die Zitronen blühn? Zur Vorgeschichte einer Goethe-Strophe. In: Germanisch-romanische Monatsschrift 33 (1951/52), S.172-188.
Schlaffer, Hannelore (1980): Wilhelm Meister. Das Ende der Kunst und die Wiederkehr des Mythos. Stuttgart.
Seidlin, Oskar (1950): Zur Mignon-Ballade. In: Euphorion 45 (1950), S.83-99.

Margarete: Voraussetzungen einer Figur. Kleine Szenen im »Faust I«

von Lena Laux

Margarete wird vor ihrem ersten Auftritt in mehrfacher Weise angekündigt. Die Begegnung Fausts mit der unfaßbar schönen Frauengestalt im Spiegel und die Verheißung durch Mephistopheles sind zwei verschiedene Weisen dieser Ankündigung. Danach kann der leibhaftige Auftritt einer jungen Frau nicht weiter hinausgezögert werden: Auf Abstraktion folgt nun endlich Konkretion. Doch die Figur Margarete bleibt in ihren Handlungen und Äußerungen vorerst an das Figurenpaar Faust-Mephistopheles gebunden, oder allgemeiner: Der Artikulationsraum der weiblichen Figur wird durch die Überlegenheit des männlichen Figurenpaares vorgeformt und eingegrenzt.

Dieser Annahme möchte ich im folgenden nachgehen. Gegenstand meiner Recherche sollen dabei nicht die großen und bekannten Passagen und Szenen sein, vielmehr jene kleinen Auftritte, die oft überlesen oder für nebensächlich erklärt werden und daher durch die Maschen der Lektüre fallen. Szenen wie »Vor dem Tor« und »Hexenküche« aber haben – so wird zu bedenken gegeben – eine entscheidende Funktion: Sie bereiten den Auftritt Margaretes vor, sie schaffen die Voraussetzungen für diese Figur.

Spaziergänger aller Art

Die Szene »Vor dem Tor« wird mit einer Regieanweisung eingeleitet: »Spaziergänger aller Art ziehen *hinaus*«.[1] Sie impliziert nicht ausschließlich eine Bewegung der Figuren im szenischen Raum, sondern bereitet eine räumliche Ausdehnung vor, die von einigen Handwerksburschen wörtlich in den ersten Versen der Szene aufgegriffen und umgesetzt wird: Die im Wechsel zueinander sprechenden Handwerksburschen beratschlagen, an welchen Ort sie zu ziehen beabsichtigen. Alle Wege, so scheint es, stehen ihnen offen, gefolgt wird der individuellen Vorliebe:

---

[1] Zitiert wird nach: Goethe, Johann Wolfgang: Faust. Der Tragödie erster Teil, neue durchgesehene Ausgabe, Stuttgart: Reclam 1997, hier S. 25. Im folgenden wird jeweils der Vers im Anschluß an die zitierte Textstelle angegeben.

Warum denn dort hinaus?
Wir gehn hinaus aufs Jägerhaus.
Wir aber wollen nach der Mühle wandern. (808-810)

Charakteristisch für die Szene insgesamt sind jene männlichen und weiblichen Figurenpaare oder -gruppen, die scheinbar willkürlich und im Wechsel aus der Gruppe der »Spaziergänger aller Art« plötzlich in den Vordergrund treten und mit Gesprächsfetzen den szenischen Raum füllen. Es entsteht ein auf besondere Art und Weise angeordnetes Geflecht aus weiblichen und männlichen Stimmen. Bei dieser Figurenanordnung ist auffällig, daß die Aufteilung in Geschlechtsgruppen in den Dialogen beibehalten wird, so daß weibliche und männliche Figuren in dieser Szene nie miteinander kommunizieren, sondern die jeweiligen Geschlechter voneinander getrennt übereinander sprechen. Die Szene erhält durch strikte Trennung von weiblicher und männlicher Rede eine Unterteilung in zwei Räume, die unvereinbar scheinen.

Die Szene »Vor dem Tor« bestätigt die Monologe Fausts aus der vorangehenden Szene »Nacht« insofern, als sie das im Vordergrund stehende Figurenpaar Faust und Wagner nicht verdrängt, sondern nur kurzweilig unterbricht: Die Figuren dieser Szene entwickeln keine Eigenständigkeit, sie erzeugen lediglich eine Szenenatmosphäre, mit der sich Faust und sein Schüler Wagner umgeben. Faust und Wagner betrachten die gemischte Figurengruppe gemeinsam aus der Ferne – »Sieh nur, sieh! wie behend sich die Menge / Durch die Gärten und Felder zerschlägt,« (929-930) – sie kommen mit dem alten Bauer ins Gespräch, sogar mit dem Volk in Berührung[2] – »Ich nehme den Erquickungstrank, / Erwidr' euch allen Heil und Dank.« (991-992) – jedoch bleibt die Außenposition durch baldiges Weiterziehen bestehen. Die Szene gestaltet sich daher wie ein vor den Augen Fausts sich ereignendes Figurenspiel.

Der erste Auftritt einer weiblichen Figur[3] ist der eines Dienstmädchens, das die initiierte Dynamik der Männer unterbricht, wörtlich negiert: »Nein, nein! ich gehe nach der Stadt zurück.« (820) Die durch diesen Vers hervorgerufene szenische Gegenbewegung stellt eine Verbindung zwischen dem

---

[2] »*Das* VOLK *sammelt sich im Kreis umher.*« (ebd. S. 30, Hvhb. von mir, L.L.) - Das Volk wird durch die Figuren dieser Szene dargestellt. Die Bezeichnung Volk ist ein Begriff, der Vollständigkeit beansprucht (vgl. ebenfalls die Regieanweisung »Spaziergänger aller Art *ziehen hinaus.*« (ebd. S. 25)), die Figurengruppe weist jedoch Lücken auf, wenn sie das Volk zu repräsentieren beabsichtigt. Es besteht somit eine Diskrepanz zwischen Wort- und Figurenwahl.

[3] Der »Chor der Weiber« (749-756) in der Szene »Nacht« präsentiert erstmals weibliche Stimmen.

Inhalt des Verses und dem Geschlecht der Figur her, die womöglich dazu führt, die abrupt angekündigte Rückkehr des Dienstmädchens in die vertraute und begrenzte Umgebung »Stadt« mit einem weiblichen Grundbedürfnis gleichzusetzen.

Die Figuren sind alle mit einer eindeutigen Geschlechtsbezeichnung (Bursche, Mädchen) versehen, und es sind in erster Linie das Geschlecht und der soziale Rang (Bürger, Bauer), die sie voneinander unterscheidbar machen. So fällt das erstmalige Sprechen einer weiblichen Figur um so kontrastreicher ins Gewicht, als das Dienstmädchen repräsentativ für das Geschlecht *Frau* steht: eine jede weibliche Rolle ihren Platz einnehmen könnte.

Die Vielfalt der männlichen Gestalten ist auffallend. So wechseln sich Handwerksburschen, Schüler, Bürger, ein Bettler, Soldaten und Bauern ab. Hingegen ist der weibliche Part nur durch drei Figurengruppen vertreten: Dienstmädchen, Bürgermädchen und eine Alte. Die weibliche Figurenkette weist eine Lücke auf: Es fehlt die Figur einer Frau, die die mittlere Generation vertritt. Das Gegenüber des männlichen Bürgers oder Bauers ist in dieser Szene nicht vertreten.

Bei genauerer Betrachtung der Äußerungen der weiblichen Figuren fällt auf, daß sich eine grundsätzlich negative Haltung bemerkbar macht. Sei es, daß das Dienstmädchen befürchtet, allein zu bleiben, während die Freundin sich mit einem Manne verlustigt; sei es, daß das Bürgermädchen mit Neid beobachtet, wie die schönen Knaben den Mägden nachschauen; sei es schließlich die Flucht der Bürgermädchen vor der Alten, auf die sie sich einst hoffnungsvoll eingelassen hatten, um ihre »künft'gen Liebsten« (879) zu sehen, jedoch enttäuscht erkennen mußten, daß es sich um die bloße Erscheinung eines Mannes gehandelt hatte. Unzufrieden, neidvoll und enttäuscht bleiben alle drei Figuren zurück. Durch die kurzen, auf wenige Verse beschränkten Auftritte stehen sie als weibliche Figurengruppe im Schatten der männlichen Figurenfülle. Sowohl innerlich: inhaltlich – als auch äußerlich: räumlich – ist ihre Erscheinung von nur begrenzter Dauer.

Zum Schornstein hinaus

Die Szene »Hexenküche« ist die erste Szene, in der eine weibliche Figur, die Hexe, dem männlichen Paar Faust-Mephisto gegenübertritt. Die Figurengruppe der vorherigen Szene Dienstmädchen-Bürgermädchen-eine Alte wird hier von einer Figur abgelöst, die nun erstmals die Ebene des Dialogs mit einer Figur männlichen Geschlechts betritt. Doch bevor die Hexe in den szenischen Verlauf aktiv eingreift, wird sie durch Faust und Mephisto angekündigt: Die beiden männlichen Figuren kommen zu einem Zeitpunkt, als

sich die Hexe außer Haus befindet. Man erwartet nun ihre Rückkehr. Faust
bezweifelt derweil, daß ihm ein altes Weib behilflich sein könne:

> Verlang ich Rat von einem alten Weibe? (2340)
> [...]
> Hat die Natur und hat ein edler Geist
> Nicht irgendeinen Balsam ausgefunden? (2345-46)
> [...]
> Warum denn just das alte Weib!
> Kannst du [Mephistopheles] den Trank nicht selber brauen? (2366-67)

Der Auftritt der Hexe ist von »entsetzlichem Geschrei«[4] und fluchenden
Worten begleitet. Als sie die beiden Herren erblickt, werden ihre Ausrufe in
Fragen umgewandelt, die darauf schließen lassen, daß sie nicht in der Lage
ist, ihren Meister, den Teufel, in der Figur des Mephisto wiederzuerkennen:

> Was ist das hier?
> Wer seid ihr hier?
> Was wollt ihr da?
> Wer schlich sich ein?
> Die Feuerpein
> Euch ins Gebein! (2469-74)

Die Situation scheint sie zu überfordern, da die Besucher sie nicht nur über-
raschen, sondern ihr außerdem fremd sind:

> O Herr, verzeiht den rohen Gruß!
> Seh ich doch keinen Pferdefuß.
> Wo sind denn Eure beiden Raben? (2489-91)

Räumlich begrenzt wie die Frauenfiguren in der Szene »Vor dem Tor« ist
auch die Figur der Hexe. Sie scheint den Raum außerhalb der Hexenküche
nur begrenzt zu kennen und ist auf Informationen, die Mephisto an sie wei-
tergibt, angewiesen, um zu erfahren, welche Veränderungen sich in ihrer
Umgebung, außerhalb ihres Hexendaseins, vollziehen. Ihr Handlungsspielraum beschränkt sich auf das gehorsame Dienen und Befolgen von Befeh-
len. Auch das scheinbar aufbrausende Temperament und zuweilen ordinäre
Verhalten der Hexe können nicht darüber hinwegtäuschen. Zu fragen ist an

---

[4] Goethe: Faust, S. 70.

Margarete: Voraussetzungen einer Figur

dieser Stelle, welche Bedeutung dem Ort ihrer Ausflüge beigemessen wird. Die Tiere beantworten die Frage Mephistos »Es scheint, die Frau ist nicht zu Hause?« (2380) mit dem Hinweis »Beim Schmause, / Aus dem Haus / Zum Schornstein hinaus!« (2381-83) Der Ausflug der Hexe findet an einem Ort statt, der nicht benannt wird. Der scheinbar grenzenlose Raum außerhalb der Hexenküche läuft somit Gefahr, sich im Nichts – wie es ja bereits auf sprachlicher Ebene der Fall ist – zu verlieren.

Die »Hexenküche« gewinnt durch eine weitere Frauengestalt eine besondere Bedeutung für den Fortgang des Dramas. Es ist die Erscheinung einer schönen Frau in einem Spiegel, die Faust nicht losläßt und an die Küche bindet.

> Was seh ich? Welch ein himmlisch Bild
> Zeigt sich in diesem Zauberspiegel!
> [...]
> Das schönste Bild von einem Weibe!«   (2429-30, 2436)

Das Bild steht im Kontrast zur Gestalt der Hexe. Es stehen sich durch diese Konstellation der weiblichen Figuren aber nicht nur die äußerlichen Merkmale Schönheit und Häßlichkeit gegenüber. Vielmehr verhält sich der konkrete, leibhaftige Auftritt der Hexe wie das Gegenstück zur bloßen Erscheinung einer schönen Frauengestalt im Spiegel, die lediglich in der Erinnerung Fausts – »Das Frauenbild war gar zu schön!« (2600) – fortlebt.[5] Es ist die Figur Margarete, die in dieser Szene vorbereitet wird. »Das Muster aller Frauen« (2601) wird Faust laut Mephisto begegnen, ein von ihm herbeigesehnter, visualisierter Frauentypus.[6] Die Spiegelgestalt ist das Bild einer männlichen Wunschvorstellung und somit ein Produkt faustischer Vorstellungskraft. Die Erzeugerkraft, die Faust an dieser Stelle zugeschrieben wird, wird von den ersten Worten Margaretes – wir werden das noch sehen – bestätigt. In der Hexenküchen-Szene wird somit bereits angedeutet, daß Margarete der männlichen Vorstellung eines weiblichen Ideal-Bildes entspringt.

---

[5] Ein weiteres Unterscheidungsmerkmal der beiden weiblichen Figuren ist das Verhältnis, in dem Faust zu eben diesen Figuren steht. Auf die Hexe muß Faust sich einlassen, das Ritual des Zaubertrankes über sich ergehen lassen. Im Spiel mit dem Zauberspiegel bestimmt er die optische Schärfe seines Gegenübers.
[6] Wie stark die faustische Erzeugerkraft ist, zeigt sich auch darin, daß Faust, obwohl er das Bild »nur als wie im Nebel sehn« kann, von der Figur hingerissen ist. Er füllt die Leerstellen kraft seiner Imagination und Projektion aus (vgl. 2435).

...weder Fräulein, weder schön...

Auch die Szene »Straße« wird mit einer Regieanweisung eingeleitet, die symptomatisch für die dramatische Entwicklung der Figur Margaretes ist: »Faust. Margarete *vorübergehend*.«[7] Der Hinweis »*vorübergehend*« bezieht sich nicht nur auf die darauffolgende Situation, in der Margarete im Vorübergehen von Faust aufgehalten und angesprochen wird, sondern kann ebenso als Fingerzeig auf Margaretes wechselhafte Position innerhalb des Figurengeflechts gedeutet werden. Die Regieanweisung »vorübergehend« kündigt – noch vor dem ersten Auftritt Margaretes – an, daß es sich bei der Figur Margarete um eine nicht standhafte, weil bewegte, gehende, vorüber gehende Kontrahentin des männlichen Bündnisses handelt.

Margarete befindet sich auf dem Heimweg, als Faust sie anspricht. Es drängt sich ein Vergleich mit der Szene »Vor dem Tor« auf, in der das Dienstmädchen ebenfalls heimzukehren wünscht. Fausts einleitende Anrede »Mein schönes Fräulein, darf ich wagen,« (2605) beinhaltet zwei unterschiedliche Aussagen: Zum einen beurteilt er ihr Äußeres als schön, zum zweiten hält er sie für eine dem Adelsstand zugehörige junge Frau. Margaretes Reaktion gestaltet sich wie ein Echo: Die Worte »schönes Fräulein« greift sie auf, indem sie sie in veränderter Wortstellung negiert: »Bin weder Fräulein, weder schön« (2607). Bemerkenswert an dieser Satzstruktur ist das fehlende Subjekt. Der unvollständige Satz ist zudem durch die Reihung zweier Negationen gekennzeichnet.

Bisher hat sich meine Analyse lediglich auf die ersten Worte der sich begegnenden Figuren beschränkt. Die herausgearbeiteten Aspekte werden bei einer vollständigen Gegenüberstellung der ersten vier Verse bestärkt. Die Frage Fausts »Mein schönes Fräulein, darf ich wagen, / Meinen Arm und Geleit Ihr anzutragen?« (2605-06) erhält folgende Antwort: »Bin weder Fräulein, weder schön, / Kann ungeleitet nach Hause gehn.« (2607-08). Die extrem verkürzte, ja auf das Notwendigste beschränkte Antwort steht im Gegensatz zur Anrede Fausts, der mit ausgeschmückten Formulierungen um ihre Aufmerksamkeit wirbt. Margaretes Worte erzeugen demgegenüber eine Form von Monotonie, die mit einer Subjektlosigkeit einher zu gehen scheint. Handelt es sich abermals um eine Erscheinung Fausts? Zwar widerspricht sie ihm, jedoch ohne die Frage zu beantworten, wer oder was sie denn sei, wenn »weder Fräulein«, »weder schön«. Auch wenn die Begegnung der Figuren zu einer körperlichen Berührung führt, aus der sie sich eigenhändig befreit – »*Sie macht sich los und ab.*«[8] – bleiben nur vage Umrisse Marga-

---

[7] Goethe: Faust, S. 75.
[8] Goethe: Faust, S. 75.

retes zurück. Der Figur Margarete wird in der Szene »Straße« keine eigenständige Sprache zur Verfügung gestellt. Ihr Auftritt als neu ins Geschehen eintretende Person ist von äußerst kurzer Dauer. Margaretes Subjekthaftigkeit wird in Frage gestellt, da die Perspektive Fausts, aus welcher der Leser sie wahrnimmt, nicht verlassen wird: Es ist Faust, der über sie spricht, der ihr Verhalten deutet und ihr Äußeres beschreibt. Sie geht als transitorische Figur in das dramatische Geschehen ein.

Zutritte – Einblicke

Der Fortgang der Handlung gibt Margarete wiederholt Raum für scheinbar unbeobachtete Selbstgespräche. In ihnen ist Margarete sich selbst überlassen, es steht ihr kein Gesprächspartner gegenüber. Gleichwohl geht aus den einzelnen Szenenabschnitten nicht eindeutig hervor, ob sie – ohne ihr Wissen – von Mephisto beobachtet wird. Von einer ständigen Überwachung ist insofern auszugehen, als bereits in der Szene »Straße« von seiner Fähigkeit, sich ungesehen Zutritt zu intimen Situationen zu verschaffen, die Rede ist:

> [...] Sie kam von ihrem Pfaffen,
> Der sprach sie aller Sünden frei;
> Ich schlich mich hart am Stuhl vorbei,
> Es ist ein gar unschuldig Ding,   (2621-24)

Insbesondere die Szene »Abend« ist von einer solchen voyeuristischen Atmosphäre geprägt, die um so entblößendere Ausmaße annimmt, als Margarete sich auszuziehen beginnt.

Margaretes zweiter Auftritt findet in einem kleinen und reinlichen Zimmer statt. Es ist Abend, sie flicht ihre Zöpfe, bindet sie auf und denkt laut über die Begegnung mit dem ihr unbekannten Herrn nach. Dieser weckt in ihr eine Neugierde, die sie dazu verleitet, das Äußere des Mannes zu deuten und seine soziale Herkunft zu bestimmen. »Er [...] ist aus einem edlen Haus; / Das konnt ich ihm an der Stirne lesen –« (2680-82) Der selbstsicheren Spekulation folgt ein letztes Argument: »Er wär auch sonst nicht so keck gewesen.« (2683) Ein faustisches Verhalten? Die kurze Begegnung auf offener Straße hatte Faust zu einem detaillierten Nachsinnen verleitet:

> Beim Himmel, dieses Kind ist schön!
> So etwas hab ich nie gesehn.
> Sie ist so sitt- und tugendreich,
> Und etwas schnippisch doch zugleich.

Der Lippe Rot, der Wange Licht,
Die Tage der Welt vergeß ich's nicht!
Wie sie die Augen niederschlägt,
Hat tief sich in mein Herz geprägt;
Wie sie kurz angebunden war,
Das ist nun zum Entzücken gar! (2609-18)

Bei Margarete führt sie zu einer eher entfernten Musterung des männlichen Gegenübers:

Er sah gewiß recht wacker aus,
Und ist aus einem edlen Haus;
Das konnt ich ihm an der Stirne lesen -
Er wär auch sonst nicht so keck gewesen. (2680-83)

Wenn nun ebenso die Orte der jeweiligen Reaktionsmomente in Betracht gezogen werden, so erscheint die auf verbaler Ebene herausgestellte Differenz zwischen einer männlichen und weiblichen Artikulationsweise noch deutlicher. Fausts Äußerungen erfolgen direkt im Anschluß an die Begegnung: spontan und auf offener Straße. Margaretes Nach(t)-Gedanken finden in einem kleinen und reinlichen Zimmer zu später, aufgrund der zeitlichen Unterbrechung *verspäteter* Stunde statt.

Interieur

Als Margarete das Zimmer verläßt,[9] gelingt es Faust, sich mit Hilfe Mephistos Zutritt zu dem Raum zu verschaffen. Das Zimmer, das – solange Margarete sich in ihm aufhielt – ausschließlich klein und reinlich zu sein schien und damit in gewisser Weise noch gestaltlos, erhält durch Faust eine differenzierte Gestalt. Im Verlauf dieses Szenenabschnitts ist von einem Bett, einem ledernen Sessel, einem Bettvorhang und einem Schrein die Rede. Ihr Zimmer erhält seine endgültige Prägung durch die Worte und Handlungen Fausts. Margarete dagegen konnte kein konkretes Bild ihrer Umgebung vermitteln. Der Raum blieb bis zum Auftritt Fausts und Mephistos leer. Erneut ist die Sichtweise Fausts entscheidend für den Eindruck, den die Figur Margarete hinterläßt.

---

[9] Der Leser (Betrachter) erfährt bereits durch Mephistopheles in der Szene »Straße«, wo Margarete sich am Abend aufhalten wird: »Will Euch [Faust] noch heut in ihr Zimmer führen. [...] Sie wird bei einer Nachbarin sein.« (2667 und 2669). Margaretes Handlungsspielraum steht somit bereits im voraus fest.

Die Regieanweisung »Margarete *mit einer Lampe.*«[10] kündigt ihre Rückkehr an. Sie spürt eine veränderte Atmosphäre in ihrem Zimmer, ist jedoch nicht in der Lage, sich diese zu erklären: »Es wird mir so ich weiß nicht wie –« (2755) Ein unkontrollierbares Gefühl übermannt sie: »Mir läuft ein Schauer übern ganzen Leib –« (2757) Den ungewissen Gefühlszustand führt Margarete auf ihre allgemeine Ängstlichkeit zurück: »Bin doch ein töricht furchtsam Weib!« (2758) Der Szenenabschnitt verkörpert eine Form des Ausgeliefertseins und der totalen Entblößung, die auch bildlich, indem sich Margarete auszieht »*Sie fängt an zu singen, indem sie sich auszieht.*«[11], dargestellt wird. Die von außen herbeigeführte Entfremdung der ihr vertrauten Umgebung macht nochmals ihre Abhängigkeit von den Handlungen der Figuren Faust und Mephistopheles sichtbar.

Der anschließend singend vorgetragene Text (2759-82) ist eine spezifische Form der Artikulation, die zunächst eine Zäsur mit sich führt, da die Ebene des Sprechens verlassen wird. Indem Margarete das Lied singend vorträgt, lenkt sie von der Situation, in der sie sich befindet, ab. Gleichzeitig deutet sie, indem sie ihre Stimme als musikalisches Instrument verwendet, auf eine andere Sinnebene hin. Die Ebene des gesprochenen Textes wird um das Element des gesungenen Wortes erweitert. Das Lied gestaltet sich in diesem Falle als eine Ausdrucksform über Umwege: Margarete trägt vordergründig das Schicksal eines Königs vor, so daß der direkte Rückbezug auf ihre Situation nicht ohne weiteres möglich ist. Es besteht jedoch im zeitlich fernen Lied ein subtiler Verweis auf die nachfolgende Szene. Das zentrale Objekt, der goldene Becher, schlägt eine Brücke zum Moment des Vorfindens des Schmuckkästchens und zur anschließenden Spiegelszene.

Margarete entdeckt im Schrein ein von Faust und Mephistopheles dort verstecktes Kästchen. Nachdem sie es geöffnet hat, legt sie sich den darin enthaltenen Schmuck, eine Kette und Ohrringe, um und tritt vor den Spiegel. Aufgrund des Anblicks ihres veränderten Spiegelbildes – »Man sieht doch gleich ganz anders drein.« (2797) – gerät sie in eine Auseinandersetzung mit ihrem Spiegelbild: »Was hilft Euch Schönheit, junges Blut?« (2798) Es artikulieren sich hier Anzeichen eines weiblichen Konfliktes: Die Abhängigkeit der Frau von der Kraft materieller Symbole; ist der Körper dem Prozeß des Verfalls ausgeliefert, so sind Gold und Schmuck in der Lage, als unvergängliche Werte diesen zu kaschieren und sogar zu überhöhen. Margarete bringt auch dies zum Ausdruck: »Am Golde hängt / Doch alles.« (2803-04)

---

[10] Goethe: Faust, S. 79.
[11] Ebd.

Das Ziel, das mit dem Verstecken des Kästchens intendiert ist, ein Abhängigkeitsverhältnis zwischen Margarete und dem Lockmittel herzustellen, ist erreicht: Margarete ist vom Glanz des Schmuckes geblendet. Ihr Ausruf »Gott im Himmel! Schau, / So was hab ich mein' Tage nicht gesehn!« (2790-91) findet seine Steigerung in der Spiegelung, wo Margarete mit Verwunderung feststellt: »Man sieht doch gleich ganz anders drein.« (2797) Margaretes kurzes Anvisieren des Anderen – »Wenn nur die Ohrring' meine wären!« (2796) – verstummt in einem kollektiven Bedauern: »Ach wir Armen!« (2804) Der Spiegel ist hier nicht nur eine Metapher der Selbstreflexion, sondern auch charakterisierbar als eine auf das Äußere fixierte Betrachtungsweise. Um ein Minimum an selbstreflexiver Aktivität entfalten zu können, ist Margarete von der Materialität eines dinghaften Gegenübers – »[...] *und tritt vor den Spiegel.*«[12] – abhängig. Ganz anders dagegen gestaltet sich die Begegnung mit dem Spiegel bei Faust. Hier löst sein Anblick einen schöpferischen Akt der Phantasie aus. Während bei Margarete das zurückgeworfene Spiegelbild als eine Metapher der geistigen und räumlichen Enge zu interpretieren ist, ermöglicht der Zauberspiegel, in den Faust hineinblickt, eine Interaktion:

Ach wenn ich nicht auf dieser Stelle bleibe,
Wenn ich es wage, nah zu gehn,
Kann ich sie nur als wie im Nebel sehn! –   (2433-35)

Ausblick

Die Lektüre hat gezeigt, daß der Figur Margarete nur bedingt Eigenständigkeit zukommt oder zuerkannt wird. Vielmehr scheint diese Figur im Dienste eines männlich geführten Diskurses zu stehen: Margarete ist der Name dafür, Kontraste und Differenzen durch das Geschlecht Frau für Faust erfahrbar zu machen. Ihr beschränktes und eingegrenztes Dasein steht Faust als Gegenbild seiner Daseinsform zur ständigen Verfügung. Aber bleibt es auch dabei? Bleibt die Figur Margarete tatsächlich dem Diktat und dem Duktus der männlichen Figuren unterlegen? Das könnte eine Lektüre zeigen, die sich anderen als den kleinen Szenen widmet.[13]

---

12 Goethe: Faust, S. 80.
13 Vgl. hierzu den Aufsatz von Katharina Braack-Jeorgakopulos: »...lose Poesie und gekappte Zunge. Margaretes Gretchen-Tragödie und Goethes Faust« in diesem Band.

Ausrufe. Zeichen.
Margarete im Kerker von Faust

von Astrid Lüdemann

Der Ton macht die Musik...

Margarete im Kerker – und Faust »mit einem Bund Schlüssel«, »aufschließend«: Lesen wir vorrangig, um zu erfahren, was sich weiter ereignen wird, so drängt dabei an den Türen unseres Bewußtseins etwas, dem wir gelernt haben, eher syntaktische denn semantische Bedeutung beizumessen: Es sind die Satzzeichen. Es sind – genauer – die Ausrufe- und Fragezeichen in dem Part, den Margarete spricht. Sie sind auffällig, weil sie in einer ungewohnten Vielzahl auftreten, fast so, als hätten sie ein Eigenleben. Sind Margaretes Worte bereits übervoll an Bedeutung, so erhalten sie mit Hilfe dieser Ausrufe- und Fragezeichen eine besondere Intonation und damit eine Intensität, die über die Vorstellung hinaus berührt, spürbar wird. Die Töne, die entstehen, wenn die Stimme sich hebt und laut ausruft, sind eindringlich.

Theodor Adorno benennt in seinem Aufsatz »Satzzeichen« diese als »Figuren der Interpunktion«[1] und weist mit Nachdruck darauf hin, daß sich ihre Bedeutung nicht in der syntaktischen Funktion erschöpft. Satzzeichen seien die Elemente der Sprache, die der Musik am ähnlichsten seien; sie würden die Sprache artikulieren, die Schrift der Stimme anähneln.[2] Folgen wir Ferdinand de Saussure und dessen Einteilung der Sprache in »langue« und »parole«,[3] so wäre die Schrift die »langue«, das Sprechen und die Artikulation die »parole«. Es ist nicht möglich, den Platz, den die Satzzeichen als Elemente der Sprache einnehmen können, genau einzugrenzen.

Satzzeichen sind Zeichen: keine sprachlichen Zeichen, aber doch Bestandteile der Grammatik. Sie werden bestimmten Regeln folgend eingesetzt und verschriftlicht. Der »Brockhaus Wahrig« bezeichnet Satzzeichen als »schriftliche Zeichen zur Gliederung des Satzes, zur Trennung von

---

1 Theodor Adorno: Satzzeichen, in: Noten zur Literatur, Frankfurt/M. 1981, S.106-113, hier S. 106.
2 Vgl.: ebd., S. 107 ff.
3 Saussure, Ferdinand de: Grundfragen der Allgemeinen Sprachwissenschaft. Hrsg. von Charles Bally und Albert Sechehaye. Berlin 1967, 2. Aufl., S. 9-43.

Sätzen bzw. Satzteilen od. zur Bezeichnung des Tons im Satz«[4]. So verleihen Satzzeichen der Schrift Tonalität, nähern sie der Stimme an, von der sich die Schrift weit entfernt hat. Sie sind also ihrem Wesen nach mimetisch und geraten verschriftlicht in einen Konflikt mit sich selbst. Auch sind sie Schnittstelle in dem Konflikt von Schriftkultur und mündlicher Überlieferung, von Gelehrtentradition und erzählter, »gelebter« Sprache.

Für die einzelnen »Figuren der Interpunktion« entwirft Adorno Bilder mit Hilfe von Vergleichen: »Gleicht nicht das Ausrufungszeichen dem drohend gehobenen Zeigefinger? Sind nicht Fragezeichen wie Blinklichter oder ein Augenaufschlag?«[5] Alle Satzzeichen – so Adorno – »sind Verkehrssignale«[6]: Das Ausrufungszeichen sei rot und diene nicht – wie auch alle anderen Satzzeichen nicht – der Verkehrsorganisation der Sprache mit dem Leser. Es funktioniert also nicht als äußere Zutat, als Ornament der Sprache. Vielmehr sei es auf eigenen Bahnen im Inneren der Sprache unterwegs: ein intensives, inneres Moment der Schriftsprache. Musikalisch glichen die Ausrufungszeichen »lautlosen Beckenschlägen«[7], dem Sforzato ähnlich, das seit Beethoven als unentbehrlich für die Musik anzusehen sei.

Der Begriff des Ausrufezeichens erhält bei Adorno interessanterweise ein Double: Das Ausrufungszeichen wird im Text Adornos zum Aufrufungszeichen – eine »Gebärde der Autorität«[8] und als solche unerträglich. Inflationär beherrsche dieses Satzzeichen expressionistische Texte: »verzweifelte Schriftgebärde, die vergebens über die Sprache hinausmöchte.«[9] Auflehnung gegen Konventionen und gleichzeitiges Symptom der Ohnmacht sieht Adorno in der Häufung dieses Zeichen – und es bleibt zu überdenken, inwieweit durch die Häufung der Ausrufezeichen in der Rede Margaretes nicht genau diese Mischung aus Auflehnung und Ohnmacht wirksam wird. Und: Ruft diese Figur *aus* oder ruft sie *auf*, werden ihrer Rede Ausrufungs- oder Aufrufungszeichen gesetzt?

Sind die Ausrufe Margaretes also zeichenhaft? Spricht aus ihnen Auflehnung? Oder ruft hier eine Figur (nur) ohnmächtig aus? Margarete spricht den Großteil der Kerkerszene und erhält damit einen Raum, um sich auszudrücken. Bis zu ihrem Entschluß, sich dem Gericht Gottes zu übergeben, erhalten wir einen tiefen Einblick in die Vielschichtigkeit dieser Figur. Sie erhält oder ergreift das Wort zu verschiedensten Aspekten, die ihr

---

[4] Brockhaus Wahrig: Deutsches Wörterbuch in 6 Bde., Fünfter Band, Wiesbaden 1980, S. 494.
[5] Theodor Adorno: ebd., S. 106.
[6] Ebd., S. 106.
[7] Ebd., S. 107.
[8] Ebd., S. 108.
[9] Ebd., S. 108.

Leben ausmachten, bestimmten und es tragisch veränderten. In überraschender Weise hat Goethe hier eine Figur geschaffen, die ambivalent ist, in der sich Züge von Naivität und Weisheit, Sinn für Romantik, Begehren und Abgrenzung, wie auch tiefe Depression und Aggression vermischen.

Ausgezählt

Die Kerkerszene beginnt mit dem Vers 4403 und endet mit dem Vers 4616, umfaßt also insgesamt 214 Verse. Der größte Teil der Szene (158 Verse) ist Margarete gewidmet. Die verbleibenden Verse verteilen sich auf Fausts zögernde Ankunft (7 Verse), das Lied »vom Machandelboom« (9 Verse), Faust selber (31 Verse) und auf das kurze Auftreten Mephistopheles mitsamt der »STIMME (*von oben*)« (9 Verse). Damit steht Margarete im Zentrum dieser letzten Szene des »Faust I«.[10] Goethe erlaubt dem Leser hier einen Einblick in die verschiedenartigsten Anteile einer Frauenfigur, die noch in der Hexenküche dem verzauberten Faust als »Muster aller Frauen« (2601) versprochen wurde.

Die Interpunktion in den 158 Versen, die Margarete spricht, ist auffällig. Es gibt insgesamt 78 Ausrufezeichen und 23 Fragezeichen in ihrem Part. Im »Goethe-Wörterbuch« finden sich zu dem Stichwort »Ausruf« folgende Erklärungen: »1) laut, spontan hervorgebrachte, gefühlsbestimmte, oft situationstyp Äußerung [...] a) für die affektbetonte Rede [...] b) für exklamator literar Äußerung«. Ausrufen wird hier als »1. etw lebhaft, laut, nachdrückl äußern« angegeben; das Ausrufungszeichen wird als »das Schriftzeichen; anstelle einer unausgesprochenen Gefühlsäußerung [...] Zäsur des Redeflusses bei der Rezitation« bestimmt.[11] Diese affektbetonte Rede und auch die unausgesprochenen Gefühlsäußerungen bestimmen den Ton, die Musik der Sprache Margaretes. Bei näherer Untersuchung kann man feststellen, daß »ihre« Ausrufezeichen in ganz verschiedener Weise signifikant werden.

---

[10] Johann Wolfgang von Goethes »Faust I« wird im folgenden zitiert nach der Reclam-Ausgabe Nr. 1, Stuttgart 1992. Die Verszahl wird jeweils im Anschluß an das Zitat in runden Klammern nachgewiesen.

[11] Goethe-Wörterbuch, hrsg. v. der Akademie der Wissenschaften der DDR, der Akademie der Wissenschaften Göttingen und der Heidelberger Akademie der Wissenschaften, Erster Band, A-azurn, Berlin 1978, S. 1206.

Erbarme dich und laß mich leben !

Die Ausrufezeichen bezeichnen 27 Imperative wie in Vers 4430 »Erbarme dich und laß mich leben!«, in Vers 4437 »Fasse mich nicht so gewaltsam an!« oder dann, lange nach dem Erkennen Fausts in Vers 4577 »Laß mich!« und einen Vers später und in gesteigerter Form »Fasse mich nicht so mörderisch an!«. Ausgehend von der Erklärung des »Brockhaus Wahrig« zum Imperativ: »Modus des Verbs zum Ausdruck eines Befehls, Wunsches, einer Bitte usw.« und zum Adjektiv »imperativisch«: »befehlend, zwingend, bindend«[12], kann hier abgeleitet werden, daß Margarete in der Kerkersituation nicht mehr hingebungsvoll und hinnehmend dem Liebsten lauscht und folgt, sondern vielmehr bittet, aber mehr noch fordert und verbietet.

Ausgeprägt sind die Imperative von Vers 4551 bis Vers 4562. Die Aufforderung, das Kind zu retten, die an Faust ergeht, wird damit in ihrer Eindringlichkeit ganz deutlich. Das in der Tragödie bereits Geschehene soll ungeschehen gemacht werden – und gleichzeitig entwickelt sich ein Bild von dem möglicherweise tatsächlich Geschehenen.

Mut zur Frage

In zwei Fällen ist zu beobachten, daß die Ausrufezeichen eigentlich eine Frage bezeichnen: »Wer hat dir, Henker, diese Macht über mich gegeben!« (4427 f). Die eigentliche Frage erhält damit exklamatorischen Charakter und zeigt den Mut Margaretes auf, die Situation auch in der höchsten Not und Schuld noch hinterfragen zu können. Die Schuldige scheint noch Ansprüche an Umgangsformen zu haben und will verstehen, was vor sich geht in dem dunklen Verließ. Mut und Anspruch in so einer Situation sind bestimmt nicht konventionell. Zurückhaltung und Ergebenheit im Bewußtsein der Schuld wären die wohl eher zu erwartenden Reaktionen eines »holden Geschöpfes« gewesen. Dabei soll hier nicht der vorsätzliche Bruch von Konventionen betont werden – das ginge in der Interpretation zu weit. Viel eher scheint der Ausbruch der Gefühle und Worte einer in höchste Bedrängnis geratenen Figur ganz neue Aspekte ihres Charakters evident werden zu lassen.

Die weiteren 52 Ausrufezeichen machen tatsächlich Ausrufe deutlich, die in vier verschiedene Kategorien aufteilbar sind. Es gibt erstens starke Gefühlsreaktionen, zweitens Feststellungen, drittens Standpunkte und viertens Anrufungen: an Gottes Gericht, an die Engel und an Faust selber

---

[12] Brockhaus Wahrig, a.a.O., Dritter Band, S. 716.

Ausrufe. Zeichen.

(4605, 4608 und 4610). Diese Kategorien werden im folgenden näher betrachtet.

Weh! Weh! Sie kommen, Bittrer Tod!

Eine starke Gefühlsreaktion ist gleich im ersten Vers, den Margarete spricht, zu erkennen: »Weh! Weh! Sie kommen, Bittrer Tod!« (4423) Die Worte unterstützen das Bild der sich auf dem Lager verbergenden Gefangenen und vertiefen den Eindruck von dem »als Missetäterin im Kerker zu entsetzlichen Qualen« eingesperrten und von Faust so benanntem »holden Geschöpf«. Dieses Bild wird sich schon wenige Verse später auflockern und verändern. Denn schon das nächste Ausrufezeichen bezeichnet eine – oben bereits zitierte – Frage, und diese ist weniger Anzeichen für völlige Ergebenheit als daß sie vielmehr einen (Auf-)Bruch markiert: hin zu einer möglichen neuen Wahrnehmung von Margarete.

Insgesamt 12 mal wird es möglich, die Ausrufezeichen einer solchen Gefühlsreaktion zuzuordnen. Auch Vers 4567: »Es faßt mich kalt beim Schopfe!« zählt dazu, obwohl die Zuordnung hier nicht eindeutig abgrenzbar ist. Es könnte sich ebensogut um einen feststellenden Ausruf handeln. Trotzdem scheint damit eine Gefühlsreaktion auf die Vorstellung, die Mutter auf dem Stein sitzen zu sehen, verknüpft mit dem Gefühl der Schuld an ihrem Tod. Ähnlich verhält es sich mit Vers 4591: »Wie sie mich binden und packen!«. Auch hier scheinen die Art und Weise und das dazugehörige Gefühl bedeutend zu sein, mehr als die Feststellung eines Status quo.

Laut sagen, was ist

»Bin doch noch so jung, so jung! Und soll schon sterben!« (4432 f.) ist eine Feststellung: Daran gibt es nichts zu bezweifeln. Zweifelhafter wird die Feststellung in Vers 4440: »Hab ich dich doch mein Tage nicht gesehen!« Für Margarete entspricht es jedoch dem Stand ihres Wissens, denn sie hat Faust bis dahin nicht erkannt – und er hat sich noch nicht zu erkennen gegeben. Es verdeutlicht aber auch die Wahrnehmungsverschiebungen dieser Figur, die zwar durch die Dunkelheit sichtbehindert ist, den Geliebten aber an der Stimme hätte erkennen können.

Daß die Leute Lieder auf sie singen, stellt Margarete mit Ausrufezeichen fest (4448), wie auch die »siedende Hölle« (4456) und das »Getöse des Bösen« (4457 f.) von ihr auf diese Art und Weise markiert werden. Im folgenden Erkennen des Geliebten häufen sich dann diese Feststellungen, beginnend mit »Das war des Freundes Stimme!« (4461). Insgesamt 22 solcher feststellenden Ausrufe gibt es in der Szene. Besonders interessant sind dabei die Verse, in denen Feststellung und eine andere Ausrufekategorie kombiniert werden. Hier sei nochmals Vers 4448 zitiert: »Sie singen Lieder auf mich! Es ist bös von den Leuten!« Der erste Teil stellt fest, was ist, während der zweite Teil den Standpunkt der Sprechenden aufzeigt. Die Figur Margarete scheint an diesem Punkt um einen Charakterzug erweitert. Sie kann einer Kritik mit Nachdruck Ausdruck verleihen.

Stand-Punkte

Weiteren nachdrücklich formulierten Standpunkten oder Abgrenzungen Margaretes begegnen wir in der Kerker-Szene 14 Mal. Sie treten an zwei Stellen besonders hervor. Eingeleitet wird die erste Passage in Vers 4520 mit dem: »Nein, du mußt übrig bleiben!«, die Margaretes genaue Vorstellungen von einer Grabstätte für sie und ihre Familie beschreibt. Ihre Abgrenzung und »neue Sicherheit« werden deutlich an dem Ausruf: »Niemand wird sonst bei mir liegen! –«, die überleiteten zu einer zentralen Passage von Vers 4544 bis zum Vers 4549, in der Margarete mit Einsicht erklärt und vertritt, wo sie steht:

MARGARETE. Es ist so elend, betteln zu müssen,
Und noch dazu mit schlechtem Gewissen!
Es ist so elend, in der Fremde schweifen,
Und sie werden mich doch ergreifen!
(4544-4549)

Die hier eingenommene Position hat auch einen visionären Zug. Margarete kann sich ihre zukünftige Grabstätte genau ausmalen. Verbrecher und Selbstmörder hatten allerdings zu damaliger Zeit kein Anrecht auf eine ordentliche Beerdigung. Die Wünsche an ein Familiengrab sind daher realitätsfremd oder illusionär. Hochgradig *realistisch* dagegen ist ihr Satz: »Ich darf nicht fort; für mich ist nichts zu hoffen.« (4544) und ihr Wissen, daß ein Leben auf der Flucht keine Lebensperspektive eröffnet. Beides steht nebeneinander: Realität und Vision.

Einen Standpunkt in ganzer Klarheit und Überzeugungskraft können wir am Ende der Kerker-Szene und damit am Ende des ersten Teiles der Tragödie vernehmen. In den Versen 4605 und 4607 zieht Margarete die letztmögliche Konsequenz aus ihrem Werdegang: »Gericht Gottes! dir hab ich mich übergeben!« (4605) enthält einerseits den Anruf und darüber hinaus auch die Entscheidung für den weiteren Verlauf dieser Figur.

»Dein bin ich, Vater! Rette mich!« (4607) macht deutlich, auf welcher Seite Margarete steht, wem sie sich zugehörig fühlt und mit welcher Haltung sie die Todesangst überwindet. Die eindringliche Aufforderung an den »Vater«, sie zu erretten ist: ein Imperativ! Margarete bezieht Stellung, ist dabei jedoch nicht devot, sondern vielmehr stark in ihrem Ausdruck des Vertrauens und Wunsches nach Rettung.

Blinklichter. Augenaufschlag.

23 Fragezeichen machen in dem Part, den Margarete spricht, deutlich, daß es für sie etwas zu erkunden gibt. Die Stimme hebt sich und fordert eine Reaktion. Die Fragen, die Margarete in der Kerkerszene stellt, sollen hier kurz beschrieben und auf ihre Bedeutung hin untersucht werden. Nach der indirekten Frage aus Vers 4427 f. – »Wer hat dir, Henker, diese Macht über mich gegeben!« – sollte deutlich geworden sein, daß die Struktur Margaretes in dieser Szene eine neue Dimension erhalten hat. Diese Dimension umfaßt die Möglichkeit und den Mut, Dinge hinterfragen zu können, fragend Anspruch auf Erklärung und Aufklärung zu erheben, in Frage stellen zu können, was erwartungsgemäß als gegeben hinzunehmen wäre. Und so ist die Frage aus Vers 4431: »Ist's morgen früh nicht *zeitig* genung?« (Hvhb. von mir, A. L.) ein weiterer Schritt in diese Richtung. Der Zeitpunkt des Henkens wird hier von seinem Opfer in Frage gestellt.

»Schone mich! Was hab ich dir getan?« (4438) zeigt erst einen Imperativ, dann eine direkte Frage an ein Du, das zugleich bekannt und unbekannt, vertraut und fremd vorstellbar ist. Dieses Du wird zwar stellvertretend für die Exekutive – hier den Henker – empfunden. Zugleich ist eine direkte Beziehungsebene vorstellbar, auf der Margarete diese Frage von Angesicht zu Angesicht stellt.

Auffällig viele Fragen stellt Margarete dem Geliebten, nachdem sie ihn erkannt und zu verweilen gebeten hat. Das spontane Eintauchen in die zärtlichen Gefühle der Vergangenheit kann Faust nicht erwidern, dachte er doch nur ans Fliehen und mahnte Margarete zur »Eile«. Durch die Art und Weise, wie sie sein Zögern hinterfragt, zeigt sie, wie Fausts Sprach-Verhalten zu »deuten« sei:

MARGARETE.   Wie? du kannst nicht mehr küssen?
　　　　　　　Mein Freund so kurz von mir entfernt,
　　　　　　　Und hast's Küssen verlernt?
　　　　　　　Warum wird mir an deinem Halse so bang?
　　　　　　　[...]

> Wo ist dein Lieben
> Geblieben?
> Wer brachte mich drum? (*Sie wendet sich von ihm.*)
> (4484-4497)

Auf diese Passage folgt eine Vielzahl von Fragen, die verschiedene Zweifel – zur Identität, zur Kenntnis der Vergangenheit – beleuchten und die tragischen Aspekte der Liebesbeziehung zum Vorschein bringen: den Mord an der Mutter, dem Bruder, dem Kind. Faust versucht zu beschwichtigen und die Gedanken auf die Flucht zu lenken. Margarete soll schleunigst auf den »rechten« Weg gebracht werden und von allen Fragen ablassen: »Laß das Vergangne vergangen sein, Du bringst mich um.« (4518 f.) Dies ist eine eher schwächliche Reaktion Fausts auf die mächtigere, verbale Offensive Margaretes. Diese zeichnet sich aus durch eine Überfülle an Worten, einen ebenso differenzierten wie fortreißenden Redefluß, der von Faust nur punktuell unterbrochen, nur sekundenlang aufgehalten werden kann. Margarete spricht, als wollte sie sich von Faust, dem Kerker, dem Mord und der »Mord-Sprache« freisprechen.

Abgesang

Schriftsprache besteht aus leblosen Zeichen, die Dank unserer Vorstellungskraft eine Stimme erhalten und »lebendig« werden. Dabei verhelfen die Satzzeichen der Stimme zu einem Tonfall, der – von der Monotonie befreit –, variieren darf. Der sich heben und senken, lauter und leiser werden kann. Als Schnittstelle zwischen den Schriftzeichen und der »gelebten« Sprache stehen sie hier sinnbildlich für das Aufeinandertreffen von Faust und Margarete: des *Gelehrten* Faust, der »beschränkt von diesem Bücherhauf« (402) auszog, um die Grenzen des Wissens und des Daseins zu erfahren, und des *Mädchens* Margarete, das als »Muster aller Frauen« (2601) eingeführt wurde.

Der Kerker ist Margaretes Endstation. Der Gelehrte, der aus »verständlichen« Gründen glaubt, die Schlüssel zum Verließ würden für die Rettung Margaretes ausreichen, um den tragischen Verlauf der Geschichte doch noch abzuwenden, muß sich hier eines anderen belehren lassen. 78 Ausrufezeichen und 23 Fragezeichen in 158 Versen bezeichnen einen Redefluß, der nicht eben gleichmäßig verläuft. Es kostet Faust einige Mühe, diesem Redefluß zu folgen, und es ängstigt ihn Manches, was diese Frau in ihrer Not zu sagen hat. *Wie* sie es sagt, sagen die Zeichen, aber nicht nur die semantischen, sondern vor allem die syntaktischen: die Satzzeichen!

Literatur

Brockhaus Wahrig: Deutsches Wörterbuch in 6 Bde., Fünfter Band, Wiesbaden 1980.
Goethe-Wörterbuch, hrsg. v. der Akademie der Wissenschaften der DDR, der Akademie der Wissenschaften Göttingen und der Heidelberger Akademie der Wissenschaften, Erster Band, A -azurn, Berlin 1978.
Johann Wolfgang von Goethe: Faust. Der Tragödie erster Teil, Reclam-Ausgabe Nr. 1, Stuttgart 1992.
Saussure, Ferdinand de: Grundfragen der Allgemeinen Sprachwissenschaft. Hrsg. von Charles Bally und Albert Sechehaye. Berlin 1967, 2. Auflage.
Theodor Adorno: Noten zur Literatur, Frankfurt/M. 1981.